왕세자가 돌아온다

사과문고 89

왕세자가 돌아온다

1판 1쇄 발행 2017년 6월 30일
1판 7쇄 발행 2023년 8월 11일

글쓴이 이규희
그린이 백대승

펴낸이 정중모
펴낸곳 파랑새

등 록 1988년 1월 21일(제406-2000-000202호)
주 소 경기도 파주시 회동길 152
전 화 031-955-0670 | 팩 스 031-955-0661
홈페이지 www.bbchild.co.kr | 전자우편 bbchild@yolimwon.com

ⓒ이규희 · 백대승, 2017
ISBN 978-89-6155-731-3 74810
      978-89-6155-178-6 (세트)

· 책값은 뒤표지에 있습니다.
· 저자와의 협의에 의해 인지를 생략합니다.
· 저작자와 출판사의 허락 없이 이 책의 일부 또는 전체를 인용하거나 발췌하는 것을 금합니다.

어린이제품안전특별법에 의한 제품 표시
제조자명 파랑새 | 제조년월 2023년 8월 | 제조국 대한민국 | 사용연령 7세 이상

왕세자가 돌아온다

글 이규희 ― 그림 백대승

파랑새

소현 세자가 누구인지 모르는 어린이도
소현 세자에 대해 잘 아는 어린이도
조선의 왕세자 소현 세자와 함께
병자호란의 아픈 역사 속으로 떠나 보기를 바라며
이 책을 드립니다.

작가의 말

소현 세자가 꿈꾸던 세상을 위하여

몇 년 전 여름, 작가들과 함께 중국 여행을 갔을 때였어요. 일행은 백두산으로 떠나기 전 심양이라는 도시에서 하룻밤을 묵었어요.

심양. 난생처음 방문한 곳인데 어딘가 그 이름이 낯익었어요. 아, 가만히 생각해 보니 그곳은 바로 삼백여 년 전 병자호란 때 조선이 청나라에 항복한 이후, 조선의 왕세자인 소현 세자와 수백여 명의 신하들이 볼모로 잡혀 지내던 곳이었어요. 또한 조선의 많은 여인들과 장정들이 포로로 잡혀 와 팔려 간 곳이기도 하고요. 그 순간 나는 심양의 거리와 주택 그리고 나무들까지도 예사로 보이지 않았어요. 이 도시 어딘가에 소현 세자의 울분과 포로들의 눈물이 어려 있을 것 같았거든요.

나는 한국으로 돌아와 병자호란과 관련된 자료들을 찾아보았어요. 그 전쟁은 1636년 병자년 겨울에 한반도에서 일어난 일이었어요. 얼어붙은 압록강을 건너 당시 후금이였던 청나라의 태종이 대군을 이끌고 바람처럼 조선으로 쳐들어왔지요. 오랑캐라고 얕보던 청나라의 침입에 임금과 신하들은 허둥지둥 남한산성으로 피난을 갔어요.

　하루, 이틀, 사흘……. 남한산성에 갇힌 인조 임금과 소현 세자 그리고 신하들은 얼마 안 되는 군사들과 아주 적은 분량의 식량으로 버티며 구원병이 오기만을 기다렸어요. 하지만 이미 청나라 군사들이 남한산성으로 오는 길목을 모두 막아서 좀처럼 아군이 길을 뚫을 수 없었고, 적들은 신식 무기였던 홍이포를 펑펑 쏘며 남한산성을 에워쌌습니다. 조선의 군사들은 먹을 것이 없어 뱃가죽이 등에 붙었고, 추위를 피하기 위해 가마니를 덮고 견뎌야만 했어요.

　인조 임금은 더 이상 버틸 수 없었을 거예요. 한 달 넘게 남한산성에 피해 있던 인조 임금은 얼어붙은 산길을 미끄러지고 자빠지며 결국 삼전도로 갔습니다. 그리고 청나라 황제를 향해 치욕스럽게 항복했어요. 세 번 무릎을 꿇고 엎드려 절하는 의식을 세 차례 반복해 치르는 청나라 인사 예법 '삼배구고두례'를 직접 함으로써, 인조 임금은 황제에게 아홉 번이나 머리를 조아려야만 했지요.

　그 후 청나라는 조선의 왕세자였던 소현 세자와 그 형제인 봉림 대군, 그리고 청나라를 오랑캐라고 무시하던 조선 대신들을 청나라 심

양으로 끌고 갔어요. 포로로 잡힌 조선 백성들이 그 뒤를 줄줄이 따랐습니다.

'아아, 끌려가던 왕세자의 마음이 얼마나 애통하고 분했을까?'

나는 소현 세자의 마음이 되어 이 동화를 쓰기로 했습니다.

그러려면 뜻을 함께하는 친구들이 필요했어요. 그래서 담이, 장수, 달궁, 흑두와 같은 멋진 친구들이 탄생했어요. 또, 나라가 위급할 때 큰 활약을 해 줄 비밀 결사대 '바람단'도 만들었고요. 그들은 소현 세자와 세자빈에게 천군만마와 같은 벗이 되어 주었어요.

마침내 소현 세자는 8년이라는 기나긴 볼모 생활을 끝내고 조선으로 돌아왔습니다.

'내가 청나라에서 직접 보고 배운 새로운 문명을 조선의 백성들에게 펼쳐 주자!'

아마도 소현 세자는 이렇게 다짐했을 거예요. 하지만 안타깝게도 소현 세자는 조선으로 돌아온 지 석 달도 지나지 않아 의문의 병으로 세상을 떠나고 말았어요. 자신이 꿈꾸던 세상을 채 펼쳐 보기도 전에 말이에요.

    나는 소현 세자가 꿈꾸던 세상을 오롯이 이 동화에 되살려 보고 싶었어요. 새로운 세상에 눈떴던 특별한 왕세자 소현 세자를 독자들이 잊지 않았으면 하는 마음으로요.

동화 작가 이규희

차례

작가의 말　4

곤룡포를 입은 아버지　13

궁궐은 너무 답답해　25

이웃 나라 왕자 도르곤　37

정묘년, 오랑캐가 쳐들어오다　51

바람단 날아오르다　63

한양에서 국경으로　80

다시 만난 도르곤　91

병자년, 오랑캐가 다시 오다　103

오도 가도 못하는 길　119

도르곤을 잡아라　131

아, 오랑캐에게 절하다　144

끌려가는 왕세자　159

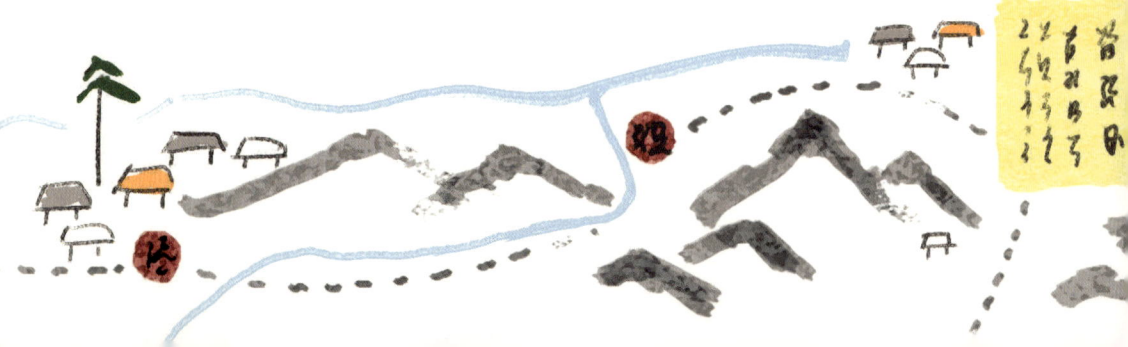

뜻하지 않은 만남　173

무역을 하고 농사를 짓다　188

새로운 세상 북경을 가다　201

마침내 고국으로　212

곤룡포를 입은 아버지

'또 누가 오신 걸까?'

친구들과 인왕산 자락에서 뛰어놀다 어의궁으로 돌아오던 나는 걸음을 멈췄다. 집 앞에 여러 필의 말이 묶여 있는 걸 보니 오늘도 손님들이 온 모양이었다. 요즘 들어 아버지를 찾는 사람들이 이상하게 부쩍 늘었다. 사랑채 손님들은 어느 때는 새벽별이 돋는 줄도 모르고 긴밀히 이야기를 나누다 돌아갈 때도 있었다.

궁금한 마음으로 후다닥 안으로 뛰어들자 곰보 아재가 내 곁으로 다가왔다.

"도련님, 이 서찰 좀 사랑채에 좀 전해 주시어요. 김 대감

댁에서 온 거랍니다."

아버지 앞에 나서는 걸 늘 어려워하던 곰보 아재는 마침 잘됐다는 듯 손에 든 서찰을 내밀었다. 김 대감은 아버지와 친한 분으로 요즘 무슨 일인지 서찰을 자주 주고받았다.

"알았어. 내가 전해 줄게."

나는 서찰을 들고 사랑채로 들어갔다.

"아버님, 김 대감 댁에서 서찰이 왔습니다."

"오냐, 이리 가져오너라."

아버지는 굳은 얼굴로 서찰을 받아들었다. 뒷걸음질로 사랑채를 나서던 나는 무언가 이상한 기분이 들었다. 방 안에 있는 대여섯 분 모두 무슨 일인지 교자상에 차려 놓은 술과 안주에는 입도 대지 않은 채 잔뜩 굳은 표정이었다.

'내가 모르는 뭔가가 있다!'

나는 어쩐지 두려운 기분이 들었다.

사랑채에서 전해진 이상한 분위기는 그 뒤로도 안채와 별채는 물론 어의궁 전체에 감돌고 있었다.

그러던 어느 날 저녁이었다. 모처럼 안채로 들어온 아버지는 나와 다섯 살짜리 동생 호, 아랫목에 누워 새근새근 잠이 든 두 살짜리 동생 요를 번갈아 바라보았다. 그러다간 나를 보며 뜬금없이 물으셨다.

"왕아, 네 나이가 이제 몇이지?"

"열두 살입니다."

나는 잔뜩 주눅이 든 목소리로 대답했다. 글공부를 끝내기가 무섭게 늘 친구들과 밖에 나가 노는 것을 두고 꾸지람을 내리실 것이 분명했다.

"나는 네 나이 때에 늘 살얼음판을 딛는 마음으로 살았다. 광해 백부가 임금이 된 후 나는 하루도 마음 편한 적이 없었지. 광해 백부는 언제나 네 할아버지께서 자신의 왕위를 넘보지 않을까 경계해 왔다. 오죽하면 네 할아버지가 계셨던 새문동 집을 왕기가 서린 집이라며 빼앗아 거기에 경덕궁을 지었겠느냐? 네 작은아버지 능창군에게도 억울한 누명을 씌워 죽게 만들었고……."

아버지는 어두운 얼굴로 말문을 열었다.

'나를 꾸중하시려는 게 아니구나. 임금께 집도 빼앗기고 아들까지 잃어 화병으로 돌아가신 할아버지 이야기를 갑자기 왜 꺼내시는 거지?'

나는 잔뜩 긴장한 얼굴로 아버지의 이어질 말씀을 기다렸다.

"왕아! 광해 임금의 포악한 행동을 더 이상은 두고 볼 수가 없게 되었다. 그래서 뜻있는 선비들이 이 아비와 함께하기로 했단다. 바로 오늘이 반정을 약속한 그날이구나."

"네?"

나는 두 귀를 의심했다.

'반정이라면 옳지 못한 임금을 몰아내고 새 임금을 세운다는 말 아닌가?'

온몸이 부들부들 떨렸다. 지금 아버지가 계획하는 것은 역모, 입에 담기조차 두렵고 무서운 말이었다. 그동안 어의궁을 드나들던 사람들이 하나둘 떠올랐다. 그들은 날마다 모여 쥐도 새도 모르게 역모를 꿈꾸고 있었던 것이다.

"그래, 놀랐을 것이다. 하지만 왕아! 이 아비는 이미 뜻을 굳혔다. 드디어 그날이 왔구나. 이제 조선은 새날을 맞이할 것이다. 하지만 만에 하나 이 일이 어긋나게 되면 나와 네 어머니는 물론 우리 가족 모두 살아남지 못할 것이다. 그럼에도 이 일을 해야만 하는 이 아비를 이해해 다오. 우리가 이렇게 얼굴을 마주 보고 있는 것도 어쩌면 오늘이 마지막이 될 수도 있다. 모든 일이 무사히 끝날 때까지 부디 네 어머니와 동생들을 잘 보살펴 다오."

"……."

온몸이 사시나무 떨리듯 덜덜 떨려 왔다. 역모의 죄로 광화문 네거리에서 나무 말뚝에 매달려 죽어 가던 사람들의 모습이 떠올랐다. 나무들에 갇혀 피를 흘리며 멀리 귀양을 떠나던 선비들도 생각났다.

"왕아, 중요한 일을 앞둔 아버지께 어서 인사를 올려야지!"

어머니께서 나를 보며 넌지시 이르셨다. 반정이라는 말이 오가는데도 어머니는 이미 모든 걸 알고 있었다는 듯 매우 차분하셨다.

"아버지, 부디, 부디 몸조심하시어요!"

떨리는 마음으로 나는 대문 앞까지 나가 허리를 굽혀 아버지를 배웅했다. 아버지는 마치 전쟁터에 나가는 군사처럼 갑옷을 입고 큰 칼을 차고는 말에 올랐다. 그리고 기다리고 있던 사람들과 함께 바람처럼 달려 나갔다.

'아버지는 지금 임금을 치러 가시는 길이다!'

숨을 쉴 수 없을 만큼 두려웠다. 왕실 행사가 있을 때마다 먼발치에서 뵈었던 임금님의 용안이 떠올랐다. 사람들은 그분께서 이복형제인 영창 대군을 죽이고 인목 대비를 외딴 궁에 가둔 포악한 임금이라고 수군거리곤 했다.

'임금께서는 왜 그러셨을까? 무엇 때문에 그리 잔인한 일을 하셨을까? 하지만 아무리 임금이 잘못을 저질렀다 해도 반정을 일으키는 게 옳은 일일까?'

생각하면 할수록 두렵고 안타까웠다. 만약 아버지의 반정이 실패한다면 온 가족이 죽임을 당하는 건 물론 삼족이 멸하는 벌을 받게 될 터였다.

'아아, 우리 가족이 살아남으려면 반정이 성공해야만 하는구나!'

나는 두려움에 몸이 떨려 머리를 감쌌다.

그날 밤은 너무도 길었다. 세상은 이제 막 새순이 돋아나는 봄인데 내 몸은 엄동설한 겨울처럼 덜덜 떨렸다. 어머니는 꽃샘추위에도 아랑곳없이 정화수를 떠 놓고 손을 모아 빌고 계셨다.

'그래, 아버지께서 나에게 식구들을 잘 보살피라고 이르셨지.'

나는 대청마루에 우뚝 섰다. 손에는 아버님이 쓰던 칼 한 자루 뿐이었지만 만약 일이 실패하여 군사들이 들이닥치면 그걸로 할머니와 어머니, 동생들을 지킬 셈이었다. 입안이 바싹바싹 타들어 가고 시간은 더디게만 흘러갔다.

"형, 무슨 일이 있어? 형도, 엄마도, 할머니도 모두 다 화난 사람들 같아서 무서워……."

나보다 일곱 살이나 어린 동생 호가 내 품에 파고들었다.

"호야, 아무 일 없을 거야. 그러니까 곰보 아재랑 같이 사랑채에서 놀고 있어. 나중에 형이 데리러 갈게."

나는 몸종에게 일러 호를 데려가도록 했다.

어느새 캄캄했던 하늘이 열리고 먼동이 트며 아침이 오고 있었다. 뜬눈으로 밤을 새운 우리 가족은 솟을대문이 열리고 좋은 소식이 날아오기만을 숨죽인 채 애타게 기다리고 있었다.

그때였다. 갑자기 대문 앞이 시끌벅적해지더니 저벅저벅 군사들이 몰려오는 기척이 들려왔다. 금방이라도 칼을 치켜들고 들이닥칠 듯 발소리가 점점 커져 왔다.

'앗! 아버지가 뜻을 이루지 못하신 걸까?'

나는 후들후들 떨리는 다리로 어머니와 동생들을 막아선 채 칼집을 더욱 단단히 쥐었다. 그때 마당에서 곰보 아재의 울음 섞인 목소리가 들려왔다.

"아이고, 마님. 어서 나와 보십시오! 나리께서 오셨습니다! 나리께서 오셨어요!"

"뭐라고?"

나는 솟을대문 앞으로 후다닥 달려갔다. 정말 아버지였다. 아버지는 지친 얼굴로 나를 향해 두 팔을 벌리고 서 계셨다.

"아버지!"

"오냐 왕아, 이제 다 끝났다. 새 나라, 새날이 밝았구나!"

아버지는 나를 덥석 끌어안으며 떨리는 목소리로 외치셨다.

"아아, 아버지! 아버지……."

나는 그제야 아버지의 품에 안겨 엉엉 소리 내어 울었다. 어머니와 할머니께서 내 뒤에서 숨죽여 흐느끼시는 소리가 들렸다.

"허허, 이제 곧 이 나라의 왕세자가 될 녀석이 이렇게 울보여서는 안 되지!"

아버지는 내 등을 토닥이며 우는 나를 달래 주셨다.

그날 밤 모든 것이 달라졌다. 반정이 일어나자 임금은 대궐 뒷문으로 달아나 의관의 집으로 숨어들었으나 곧 들켰다고 했다. 그리고 왕자의 신분인 '군'으로 강등되어 강화도로 유배를 갔다고 하였다.

얼마 후 아버지는 붉은 곤룡포를 입고 새 임금이 되셨다. 우리 가족은 정든 어의궁을 떠나 창덕궁으로 들어가게 되었다. 사실 할머니는 할아버지께서 생전에 사셨던 새문동 옛집으로 가기를 원하셨다. 임금에게 빼앗겨 지금의 경덕궁이 지어진 곳이었다. 그런데 공교롭게도 아버지가 반정에 성공하고 얼마 되지 않아 창덕궁에는 큰불이 났고, 결국 우리는 할머니의 소원대로 경덕궁으로 옮겨 가게 되었다.

"아아, 내가 여기 들어와 살게 될 줄은 꿈에도 몰랐다. 저승에 계신 네 할아버지의 한이 이제야 풀리겠구나, 아이고!"

경덕궁으로 들어가던 날 할머니는 결국 서러운 울음을 터뜨리셨다.

할아버지의 집터를 빼앗아 그곳에 궁궐을 지었던 임금……. 그러나 결국 자신은 그 궁궐에서 살아 보지도 못한 채 왕의 자리에서 쫓겨난 셈이었다.

'왕기가 서린 집터라더니……. 그래서였을까? 아버지가 정말로 임금이 되셨구나. 아무리 막으려 해도 하늘이 내린 기운까지 막을 수는 없었나 보다.'

나는 경덕궁을 우러르며 마음속으로 중얼거렸다.

궁궐은 너무 답답해

'지금쯤 장수와 달궁이는 무얼 하고 있을까?'

서책을 보다가도 어느 틈에 내 마음은 콩밭에 가 있었다. 어의궁에 살 때 날마다 어울려 놀던 장수와 달궁이가 그리웠다. 함께 뛰놀던 인왕산 자락과 청계천, 멀리 삼청동 골짜기도 눈에 선했다.

"세자마마, 학문을 게을리하면 훗날 훌륭한 임금이 되실 수 없사옵니다!"

세자시강원 스승들은 말끝마다 똑같은 훈계를 일삼았다.

아버지가 왕위에 오른 후 나는 임금의 자리를 이을 왕세자가 되었고, 동생 호에게는 봉림이라는 대군의 이름이 주어졌다. 하지만 어느 날 갑작스레 세자가 된 나에게 궁궐 생활은 너무나 갑갑했다. 아침에 눈을 뜨면 문안드리기를 시작으로 공부, 또 공부로 반복되는 하루가 지루하기 짝이 없었다. 날마다 책을 읽는 둥 마는 둥 하고는 어떻게 하면 궁궐을 빠져나가 어의궁으로 가 볼까 하는 궁리뿐이었다.

그러던 어느 날 세자시강원의 낮 공부가 끝나자마자 나는 호위무사 흑두를 데리고 몰래 궁궐 담을 넘었다.

"하하, 이제야 새가 새장을 벗어난 것 같구나! 흑두야, 너도 그렇지?"

"세자마마, 상감마마께서 아시기라도 하면 저는 죽은 목숨입니다요!"

흑두는 울상을 지으며 엄살을 떨었다. 하지만 흑두의 걱정 따윈 아랑곳없이 나는 내가 살던 어의궁을 향해 망아지처럼 펄쩍펄쩍 달려갔다. 서당을 다녀오던 달궁이와 장수가 나를 발견하고는 뛰어왔다.

"와, 왕아!"

"참, 이제 그렇게 부르면 안 되잖아! 세, 세자마마……."

달궁이와 장수는 어른들로부터 당부를 들은 것인지, 어딘가 모르게 나를 어려워하는 기색이 역력했다.

"뭐, 세자마마? 쉿, 조용히 해. 너희들하고 있을 때만이라도 예전처럼 지내고 싶어. 그러니까 그냥 내 이름을 불러 줘. 알았지?"

"그, 그래……. 그런데 어떻게 여길 온 거야?"

장수와 달궁이는 여전히 어리둥절한 얼굴로 물었다.

"너희들이 보고 싶어서 왔지! 지금쯤 수성동 계곡에 가면 물놀이를 할 수 있겠지? 어서 가자, 응?"

치렁치렁한 세자 옷 따위는 다 벗어던진 채 예전처럼 발가벗고 물놀이를 할 수만 있다면 가슴속이 다 시원할 것만 같았다.

"아, 알았어!"

책보를 옆구리에 낀 달궁이와 장수는 마치 예전으로 돌아간 듯 수성동 쪽으로 마구 달려갔다. 놀란 흑두가 우리들 뒤로 헐레벌떡 뛰어오는 게 보였다.

날마다 인왕산 자락을 뛰어다니며 놀던 우리 셋은 단숨에 수성동 계곡에 닿았다. 며칠 전 비가 내려서인지 계곡에는 물이 한참 불어 있었다. 위쪽 정자에서는 선비들이 모여 앉아 시를 읊고 있었고, 그 아래 계곡에서 마을 아낙네들이 빨래를 하는 모습도 보였다.

"야호! 내가 먼저 들어가야지!"

나는 후다닥 옷을 벗어 바위 위에 놓고 기린교 아래의 계곡물로 풍덩 뛰어들었다. 뒤이어 달궁이와 장수도 질세라 물속으로 뛰어들었다.

"어푸어푸!"

나는 아이들과 물장구치며 신나게 놀았다. 그러다가 무심코 산기슭을 바라보던 나는 소스라치게 놀랐다.

"앗, 다, 담이가······. 담이가 여긴 어쩐 일이지?"

분홍 치마에 노랑 저고리를 입은 여자아이, 담이가 틀림없었다. 아버지께서 존경하는 윤치훈 장군의 손녀딸 담이는 가끔 어의궁으로 심부름을 오곤 해서 나와 친한 아이였다.

'큰일 났다. 담이가 이쪽으로 오지 말아야 할 텐데······.'

나는 발가벗은 내 몸을 두 팔로 감싼 채 얼른 다리 밑으로 몸을 숨겼다.

그때 장수가 눈치도 없이 큰소리로 외쳤다.

"왕아, 빨리 이쪽으로 와 봐. 여기 가재가 많이 있어!"

"쉿, 조, 조용!"

나는 손가락을 입에 댄 채 어쩔 줄 몰랐다. 하지만 이미 늦었다. 내 이름을 들은 담이가 가던 길을 멈추고 계곡 쪽을 바라보았다. 그러다간 무슨 생각을 했는지 살금살금 기린교 쪽으로 다가왔다.

'아니, 왜 이리로 오는 거지?'

나는 몸을 도사린 채 불안해서 어쩔 줄 몰랐다.

그때였다. 담이가 바위 위에 벗어 둔 내 옷을 집어 들고는 나를 바라보며 배시시 웃었다. 벗어 놓은 아이들 옷 중에서 유독 눈에 띄는 내 비단옷을 찾는 건 식은 죽 먹기라는 듯이……. 그러더니 옷을 든 채 갑자기 산길을 마구 달려 내려갔다.

"앗, 내 옷! 담이야, 내 옷 돌려줘, 어서!"

나는 다급하게 외쳤다. 하지만 담이는 뒤도 돌아보지 않고 마구 달려갔다.

"으하하, 왕아, 너 이제 큰일 났다! 무얼 입고 입궁할 거니, 응?"

달궁이와 장수도 그제야 모든 상황을 눈치 채고는 배를 잡고 웃었다.

"옷을 훔쳐 가는 것도 모르고 대체 무얼 하고 있었어?"

나는 괜히 흑두에게 버럭 화를 냈다.

"아이고, 마마, 죽을죄를 지었습니다. 제가 잠시 한눈을 파는 사이 그만……. 지금이라도 당장 달려가 옷을 찾아오겠습니다!"

흑두는 금방이라도 달려갈 태세였다. 하지만 나는 얼른 손을 내저었다. 한번 가져간 옷을 쉽게 돌려줄 담이가 아니었다. 임진년 왜란 때 의병을 일으켰고 정유재란 때 권율 장군과 함께 왜적에 맞선 바로 그 윤치훈 장군의 손녀딸이 아닌가? 당차고 야무진 담이가 내게 호락호락 옷을 내줄 리 없었다.

그런데 참 이상한 일이었다. 흑두의 겉옷을 얻어 입고 궁으로 돌아오면서도 나는 화가 나기는커녕 자꾸 웃음이 비어져 나왔다.
'그래, 윤담이, 너답구나! 너는 할아버지를 닮아서 나중에 여장부가 될 거야.'
동궁으로 돌아와서도 나는 옷을 들고 도망가던 담이가 떠올라 자꾸 실없이 웃었다.
며칠 뒤였다. 나는 또다시 흑두와 함께 담을 넘어 궐 밖으로 나갔다. 이번에는 어의궁이 아니라 훔쳐간 옷을 되찾으

러 담이네 집으로 가는 길이었다. 아버지 심부름으로 자주 다니던 안국방의 윤치훈 장군의 집을 이미 나는 잘 알고 있었다.

'순순히 옷을 내주진 않겠지?'

왠지 모르게 떨리는 마음으로 나는 담이네 집 앞에 섰다.

"아이고, 세자마마! 누추한 저희 집에 어쩐 일이십니까?"

담이 아버지가 한달음에 달려 나왔다.

"제 옷을 찾으러 왔습니다."

나는 화가 난 듯 일부러 퉁명스레 대답했다.

그때 마치 기다리고 있었다는 듯 별당 쪽에서 담이가 모습을 드러냈다.

"아버님, 제 손님입니다. 제가 인왕산 바위 위에서 임자 없는 옷을 주웠는데 그게 아마도 세자마마의 옷인가 보옵니다. 비단으로 지은 값비싼 옷이기에 행여 주인이 찾으러 올까 하여 잘 지니고 있었습니다."

"그게 대체 무슨 소리냐? 아무튼 어서 안으로 드시지요, 세자마마!"

담이의 어머니까지 나와 나를 극진히 맞아 주었다.

사랑채로 들어가자 잠시 후 담이가 반듯하게 빨아서 다린

옷을 들고 들어왔다.

어른들이 물러가자 나는 잔뜩 화가 나서 풀풀거렸다.

"윤담이! 너 정말 이렇게 나를 골탕 먹일 테냐? 남의 옷을 함부로 훔쳐 가서는 이제 와서 임자 없는 옷을 주웠다고? 기가 막히고 코가 막히는구나. 대체 무슨 까닭으로 내 옷을 훔쳐간 것이냐, 응?"

나는 화가 나서 다그쳐 물었다.

담이는 조금도 당황하거나 놀라지 않고 깍듯하게 말했다.

"세자마마, 마마께서는 아직도 어의궁 시절의 철부지 도련님처럼 행동하시는군요. 그러니 한참 공부해야 할 시간에 궐 밖 친구들과 물놀이나 즐기러 나오셨겠지요. 이제 세자마마는 옛날 어의궁 도련님이 아니라 장차 이 나라를 책임지실 세자라는 걸 잊으셨나 봅니다. 그런 사람에게 이런 귀한 옷은 개 발에 편자나 마찬가지 아닐까요? 그날 이 옷을 차라리 길에서 떠도는 비렁뱅이한테나 줘 버릴까 하다가, 행여 마마께서 잘못을 뉘우치고 옷을 찾으러 오실까 하여 이리 간직하고 있었지요."

"뭐, 뭐라고? 비, 비렁뱅이한테 주려 했다고? 너, 정말!"

나는 점점 더 화가 나서 씩씩거렸다.

"세자마마께서는 어렵게 궁에 들어가셨습니다. 그만큼 더 열심히 공부를 해야 한다고 생각합니다. 할아버지께서도 나라가 안정되려면 왕손이 튼튼해야 한다고 늘 말씀하셨지요. 자, 이제 옷을 드릴 테니 이 옷값에 어울리는 행동을 하시기 바랍니다."

담이는 끝까지 자기가 할 말을 다 하였다.

나는 얼굴이 화끈거리고 속이 부글부글 끓었지만 할 말이 없었다. 생각해 보면 귀하게 얻은 자리, 아무나 들어갈 수 없는 궁궐, 그곳에 있으면서도 나는 늘 놀 궁리나 하고 공부는 뒷전이었다.

"그럼, 안녕히 가세요!"

예전엔 내게 반말을 했던 담이가 이제는 끝까지 존댓말을 쓰며 나를 배웅하였다.

나는 대답도 하지 않은 채 흑두와 함께 궁으로 들어갔다. 하지만 그날 이후 낮이나 밤이나 담이의 말이 내 귓전에 울렸다.

"세자마마께서는 어렵게 궁에 들어가셨습니다. 그만큼 더 열심히 공부를 해야 한다고 생각합니다. 할아버지께서도 나라가 안정되려면 왕손이 튼튼해야 한다고 늘 말씀하셨습니다. 자, 이제 옷을 돌려드릴 테니 이 옷값에 어울리는 행동을……."

갑자기 가슴 밑바닥에서부터 알 수 없는 뜨거움이 일었다.

'그래, 담이 말이 옳아. 나는 이 나라의 세자야. 나는 이제 왕세자답게 살아야 해.'
 나는 새삼 굳게 다짐하였다.

이웃 나라 왕자 도르곤

"세자, 요즘 글공부뿐 아니라 무예에도 열심이라 들었다. 그래, 네 실력이 어느 정도인지 궁금하구나."

아버지는 아침 문안을 드리러 간 나를 바라보며 넌지시 물으셨다.

"소자, 아직 부끄럽사옵니다."

나는 얼굴이 빨개진 채 머리를 조아렸다. 왕세자 책봉을 받은 이후, 아침저녁으로 글공부를 하는 한편, 틈틈이 후원에 나가 칼과 창과 활쏘기와 같은 무예를 익히고 있지만 아직 누구 앞에 내놓을 만한 솜씨는 아니었다.

아버지는 나를 인자한 눈빛으로 바라보셨다.

"허허, 우리 세자가 겸손하기까지 하구나! 하지만 때로는 자신을 당당히 내세울 줄도 알아야 한다. 그래야 상대가 너를 호락호락하게 보지 않는 법이지. 너도 이미 들어서 알겠지만 이번에 후금에서 오는 사신단 중에 너와 동갑내기인 왕자도 함께 온다는구나."

"그렇사옵니까?"

나는 처음 듣는 말에 놀라 되물었다. 만주의 여진족이 후금을 세운 후 주변 나라들과 친하게 지내기 위해 사신을 보낸다는 것은 들어서 알고 있었지만 동갑내기 왕자가 오는 건 까맣게 모르는 일이었다.

"어떠냐? 모처럼의 기회인데 너와 후금의 왕자가 두 나라의 친선을 위해 무예를 겨뤄 보는 건?"

"아, 아바마마, 소자는 아직 그럴 만한 기량을 닦지 못했나이다."

나는 뛸 듯이 놀라 고개를 저었다.

"허허, 단지 어린아이들이 전쟁놀이를 할 때 나무칼을 들고 싸우는 것과 마찬가지이니라. 너무 부담 갖지 말고 한번 겨뤄 보도록 하여라."

"그, 그럼……."

나는 못하겠노라는 말은 감히 더 이상 하지 못한 채, 마지못해 대답을 했다. 하지만 어느새 등줄기에는 진땀이 주르르 흘러내렸다.

'아아, 이거 어쩌지? 내가 후금의 왕자와 칼싸움을 해야 하다니!'

나는 그날 이후 밤잠을 이루지 못할 만큼 걱정이 태산 같았다. 후금은 드넓은 만주 벌판을 오가며 싸워 온 여진족의 나라이니 용맹스럽기도 그지없을 것이었다.

"옳지, 담이 할아버지를 찾아가서 도움을 청하자. 담이 할아버지는 수많은 전쟁터를 누빈 분이니 내게 뭔가 귀한 전술을 가르쳐 주실 거야!"

나는 이번에도 흑두를 데리고 다급하게 궐 밖으로 나가 담이네 집으로 향했다.

"아니, 세자마마, 별안간 어쩐 일이십니까? 또 옷을 잃어버리신 겝니까?"

담이 아버지가 애써 웃음을 참으며 말했다.

"아닙니다. 이번에는 담이 할아버님을 뵈려고 온 겁니다."

지난번 일이 떠올라 나도 모르게 얼굴이 빨개져 퉁명스럽게 대답했다.

"이쪽으로, 이쪽으로 오십시오!"

"아이고, 세자마마께서 여기까지 이 늙은이를 찾아오다니 어인 일이십니까?"

사랑채 문이 활짝 열리며 풍채 좋은 노인이 나왔다. 흰 눈썹을 휘날리며 서 있는 모습이 마치 백호랑이를 보는 느낌이었다.

"부탁이 있습니다. 얼마 후 후금 왕자가 사신으로 오는데, 아바마마께서 저에게 후금의 왕자와 무예를 겨뤄 보라 하셨습니다. 제 실력이 부족하여 행여 웃음거리가 되지 않을까 걱정되어 어르신께 도움을 청하려 왔습니다."

나는 찾아온 용건을 공손하게 말했다.

"하하! 우리 저하께서 잔뜩 겁이 나신 게로군요! 하지만 너무 심려 마십시오. 싸움이란 원래 힘으로 하는 게 아니라 지략과 담력으로 하는 겁니다. 아무리 무서운 맹수도 자신을 두려워하지 않는 적을 보면 스르륵 꼬리를 내리기 마련이지요. 후금에서 오는 왕자가 제아무리 힘이 세다 하여도 마마께서 겁내지 않는다면 저절로 기가 꺾일 것입니다. 자, 그럼 어디 마마의 솜씨를 한번 볼까요?"

윤치훈 장군은 뒤뜰로 나가 손에 칼을 쥐고 내 앞에 우뚝

섰다.

"으흠……, 얍!"

윤치훈 장군의 몸은 비록 늙었지만 움직임 만큼은 젊은이처럼 날렵했다.

"저하, 눈빛이 흔들리면 지는 것입니다. 상대방의 기를 꺾기 위해서는 절대로 눈을 피해서는 안 됩니다. 또한 공격을 할 때는 한 치의 머뭇거림도 없어야 합니다. 약간의 틈만 보여도 상대는 그 틈을 놓치지 않는 법입니다."

윤치훈 장군은 칼 쓰는 동작 하나하나를 자세히 일러 주었다. 그러나 무엇보다 나에게 힘이 되는 것은 상대를 이길 수 있다는 자신감을 갖게 해 준 점이었다.

한참 훈련을 하는데 담이가 다과를 가득 차려 들고 나왔다. 다홍빛 치마저고리를 입은 모습이 한결 화사해 보였다.

"세자마마, 잠시 쉬었다 하세요."

담이는 볼우물을 지으며 상냥하게 말했다.

"하하, 그렇잖아도 목이 마르던 참이었는데 우리 담이가 눈치 한번 빠르구나. 저하, 잠시 쉬시지요!"

윤치훈 장군은 나를 안내하며 성큼성큼 별당 옆 팔각정 위로 올라갔다.

"세자마마, 후금의 왕자 도르곤은 후금 황제의 열네 번째 왕자라 하옵니다."

담이가 차를 따라 주며 말했다.

"네가 그걸 어떻게……?"

나는 깜짝 놀라 물었다.

"호호, 명나라와 후금을 오가며 무역을 하는 상단 사람을 통해 제가 미리 알아냈습니다. 무척이나 용감하고 장난기도 심한 왕자라 들었습니다."

담이는 으쓱하며 웃었다.

"우아, 그런 정보를 알아내다니 대단한 실력이구나!"

나는 담이가 예사 아이로 보이지 않았다. 예전처럼 서로 허물없이 지낼 수만 있다면 얼마나 좋을까 하는 아쉬움도 들었다.

"세자마마, 이번 시합에서 꼭 이기실 것입니다!"

궁궐로 돌아오는 길에 담이가 덕담을 해 주었다.

"응원해 줘서 고마워."

나는 담이의 덕담에 힘입어 저절로 힘이 불끈 났다.

며칠 후 후금의 사신단이 대궐로 들어섰다. 궁궐로 들어오는 사신단 가운데 민머리에 뒷머리를 길게 땋아 늘인 한 젊은이가 보였다. 동갑내기 왕자 도르곤이었다.

"하하, 오느라 수고가 많았소이다!"

사신단을 위한 잔칫상이 오르고 흥겹게 술잔이 오갔다. 하지만 우리 신하들 중에는 못마땅한 눈으로 사신단을 바라보는 사람들이 많았다.

"흥, 오랑캐 녀석들이 감히 우리 조선의 대궐에 발을 들여놓다니!"

명나라를 대국으로 떠받들어 온 조선의 신하들은 후금을 북방 오랑캐의 보잘것없는 나라, 업신여겨도 좋은 나라로만 여겼다. 신하들의 조롱 어린 눈빛을 느낀 탓일까? 도르곤의 표정이 잔뜩 굳어 있었다.

이윽고 아버지는 좌중을 둘러보며 도르곤과 나의 무술 시합을 권유하셨다.

"하하, 동갑내기 왕자들끼리 힘을 겨뤄 보는 것도 즐거운 일이 아니겠습니까!"

"두 나라의 친선을 위한 일이라면 우리도 좋습니다!"

사신단도 흔쾌히 응했다.

마침내 나와 도르곤은 서로 마주 보고 인사를 나눈 뒤 칼을 들고 섰다.

휙휙.

칼날 스치는 소리가 궐 안에 퍼져 나갔다. 술잔을 든 양국의 신하들이 모두 숨을 죽인 채 나와 도르곤을 바라보고 있었다.

나는 담이 할아버지의 가르침대로 도르곤을 쏠 듯이 바라보았다. 내가 칼날을 거침없이 휘두르자 도르곤이 움찔하였다. 하지만 칼날이 부딪치는 순간 나는 도르곤이 나보다 한 수 위라는 것을 느낄 수 있었다. 칼날을 타고 팽팽하게 전해

지는 힘이 보통이 아니었다. 후금의 황제를 따라 말을 타고 전쟁터를 누빈 전사답게 칼을 휘두르고 아우르는 모습에 거침이 없었다.

'여기서 지면 안 된다. 내가 지면 양국 신하들의 웃음거리가 될 것이다. 내가 웃음거리가 되면 반정으로 왕위에 오른 아버지도 비웃음을 당할 것이다.'

나는 이를 악물고 도르곤의 칼에 맞섰다. 아버지가 반정을 일으켜서 임금을 몰아내고 왕위에 오른 것을 못마땅하게

여기는 신하와 백성들이 있다는 것을 나는 잘 알고 있었다. 하지만 도르곤의 기운도 만만찮았다. 내 등에는 진땀이 주르르 흘렀다.

나는 다시 정신을 가다듬고 숨을 깊게 들이마신 후 칼을 높이 들었다.

도르곤도 나와 마찬가지로 칼을 높이 들고 마주섰다.

"이야……, 얍!"

한순간에 두 칼날이 공중에서 마주쳤다. 그때였다. 도르곤의 입가에 언뜻 웃음이 번지는 게 보였다.

'지금 나를 비웃는 건가?'

약이 바짝 오른 나는 젖 먹던 힘까지 내어 도르곤의 칼날을 밀어냈다. 그 순간, 내 칼을 받아 내던 도르곤이 갑자기 스르르 힘을 빼더니 엉덩방아를 찧으며 바닥에 주저앉았다. 순식간에 벌어진 일이라 나는 어리둥절한 채 그 자리에 멍하니 서 있었다. 뭔가 이상했다.

"허허, 이제 됐다, 됐어! 두 왕자의 기량이 이렇게 엇비슷하니 장차 좋은 친구가 되겠구나!"

아버지는 손을 들어 경합을 중지시켰다. 우리 신하들은 내가 도르곤을 이긴 줄 알고 손뼉을 치며 기뻐하였다. 나는 차마 웃을 수가 없었다.

'도르곤……. 도대체 왜 갑자기 힘을 빼고 쓰러진 거지? 충분히 나를 꺾을 수 있는 실력을 가졌으면서, 너의 힘을 왜 다 내보이지 않은 거지?'

나는 도르곤을 쏘아보며 속으로 중얼거렸다. 도르곤은 내 날카로운 눈빛을 보며 보일 듯 말 듯 또다시 웃음을 지었다. 어쩌면 영리한 도르곤은 남의 나라 궁에서 왕세자를 상대로 이겨 봤자 아무 이득 될 것이 없다도 생각했는지도 모를 일이었다.

'저 자식이 정말!'

도르곤의 속셈을 어림짐작한 나는 속이 부글부글 끓었다. 그때 동생 봉림이 다가와 통쾌하다는 듯 소리쳤다.

"형님, 정말 멋졌어요. 오랑캐 왕자의 코를 납작하게 했으니 말입니다. 사부님이 말씀하시길, 오랑캐들은 모두 야만인이라고 하였습니다. 형님께서는 야만인을 상대로 당당히 이기신 겁니다."

"아니다. 내 실력이 뛰어나서가 아니라 도르곤이 나를 봐준 것이다. 야만인이라 해도 만주 벌판을 다 휘어잡을 만큼 큰 나라가 되었으니 후금을 마냥 무시해서는 안 된다."

"형님, 천하의 형님이 지금 오랑캐를 두려워하시는 겁니까? 우리 뒤에는 든든한 명나라가 있는데 그깟 오랑캐 따위를 겁내시다니요? 형님답지 않습니다."

몇 년 사이 부쩍 어른스러워진 봉림은 못마땅하다는 듯 나를 힐난하였다.

'어찌하여 많은 이들이 후금을 얕잡아 보는 걸까?'

나는 가슴이 답답했다.

그날 밤 나는 통역관을 데리고 도르곤이 머무는 사신관을 찾아갔다.

"도르곤, 오늘 싸움은 무효다. 내 체면을 살려 주려고 일부러 져 준 것을 안다."

나는 잔뜩 화난 얼굴로 씩씩거렸다.

"무슨 소리! 네 칼날을 당해 낼 수 없었다. 네가 이긴 경합이다."

도르곤은 여전히 느물느물 웃었다.

'배짱 한번 대단한 녀석이구나. 좋다! 적을 이기려면 먼저 적을 알아야 하는 법. 도르곤을 통해 후금의 속셈을 알아볼 것이다.'

나는 속으로 다짐하였다.

"그래, 오늘 싸움은 너무 싱겁게 끝났으니 언젠가 나와 다시 겨루자. 어떠냐? 우리 둘은 동갑내기이니 오늘부터 친구가 되는 것이?"

"좋다! 우린 친구다!"

나와 도르곤은 서로 힘주어 어깨를 맞잡았다.

정묘년, 오랑캐가 쳐들어오다

한겨울의 추위는 온 세상을 얼어붙게 할 만큼 그 기세가 대단했다. 문고리를 잡으면 손이 쩍 달라붙을 만큼 매서운 추위였다.

'아, 뜨끈뜨끈한 온돌방이 그립구나.'

나는 장작을 잔뜩 넣고 불을 활활 때며 겨울을 나던 어의궁 시절이 떠올랐다.

대궐에서는 불이 날 것을 염려하여 장작 대신 잘 마른 숯으로 불을 땠다. 하지만 아무리 숯을 달구어 불을 때도 궁은 늘 냉기가 가득했다.

'백성들은 땔나무가 없어서 덜덜 떨고 있다는데 내가 무슨

생각을 하는 거지?'

나는 얼른 마음을 다잡고 서안 앞에 앉아 책을 읽기 시작했다.

그때였다. 갑자기 동궁 마룻장이 쿵쿵 울리도록 시종 바우가 다급하게 달려왔다.

"저하, 크, 큰일 났사옵니다! 지금 오랑캐들이 아니, 후금의 삼만 병사들이 평안도 의주를 지나 남쪽을 향해 밀물처럼 내려오고 있답니다."

"뭐, 뭐라고?"

나는 눈앞이 아득했다.

'우리가 후금을 오랑캐라며 얕잡아 보고 명나라만 섬긴 결과로구나! 누르하치의 뒤를 이어 황제의 자리에 오른 홍타이지가 기어이 군사를 일으킨 모양이다.'

나는 후다닥 일어나 대전으로 달려갔다. 대전에서는 갑작스런 후금의 침략에 놀란 신하들이 허둥지둥 달려와 대책을 논의하는 중이었다.

"우리 조선이 명나라 장수 모문룡을 도와주고 있다는 걸 알고 후금에서 군사를 일으킨 듯하옵니다."

모문룡은 후금이 남쪽으로 쳐들어오는 걸 막기 위해 평안

북도 가도에 와 있던 명나라 장군이었다.

"전하, 지금 벌써 오랑캐가 의주, 안주, 평양 등지를 점령하고 황주 가까이 이르렀다고 하옵니다."

신하들은 적들이 언제 한양까지 쳐들어올지 모른다는 불안감에 발만 동동 굴렀다.

"전하, 저들이 곧 한양으로 쳐들어올 게 분명하오니 당장 피난을 떠나셔야 하옵니다!"

"잠시 궁을 떠나 종묘사직과 옥체를 보존하심이 옳을 줄 아옵니다."

"하오나 만약을 위해 전하와 세자마마가 같은 곳으로 피난을 가시는 건 아니 되옵니다."

신하들은 후금의 군사들이 한양 코앞까지 들이닥치자 다급하게 대책을 내놓았다. 그리하여 아버지는 서둘러 어머니와 동생들 그리고 왕실 가족을 이끌고 강화도로 피난하셨고, 왕세자인 나는 전주로 피난을 떠났다.

'이렇게 도망치는 게 옳은 일일까?'

나는 허둥지둥 궁궐을 벗어나 남쪽으로 쫓겨 가며 가슴을 쳤다.

가까스로 전주 관아에 들어서자 고을 사또가 나와 나를

맞이하였다. 하지만 이미 전쟁에 대한 소문을 듣고 우르르 몰려나온 백성들이 관아를 에워싸고 큰 소리로 울부짖었다.

"저하, 저희 같은 힘없는 백성들은 이제 어디로 가야 좋을지요?"

"오랑캐들은 잔인하기 짝이 없어서 닥치는 대로 사람을 죽인다고 합니다."

"우리 군사들이 그들의 길목을 지키고 있다가 모두 물리칠 터이니 안심하시오! 우리가 겁에 질려 있으면 적은 우리를 더 우습게 여길 것이오! 그러니 힘 있는 장정들은 당장

창과 칼을 들고 전쟁터로 나갑시다!”

대체 어디서 그런 힘이 난 것일까? 나는 백성들을 바라보며 우레와 같이 소리쳤다. 그러자 여기저기에서 젊은이들이 팔을 높이 쳐든 채 소리쳤다.

“저하, 저희가 앞장서겠습니다!”

“오랑캐들이 다시는 우리를 넘보지 않도록 당장 달려 나갑시다!”

“옳소! 옳소!”

백성들은 너도나도 힘을 모아 외쳤다.

‘그래, 내가 전주로 피난을 온 것은 아버지를 대신하여 겁에 질린 백성들을 다독이고 어려움에 빠진 나라를 구하기 위함이다!’

나는 전주에 머무르는 동안 의병과 군량미를 모아 우리 군사들에게 전했다. 다행히 의주, 용천, 철산 등 청천강 이북 지역의 백성들도 의병을 조직하여 후금의 배후를 치고 있다는 기쁜 소식이 들려왔다.

“그러면 그렇지! 우리 조선이 그리 만만한 상대가 아니라는 것을 온 백성이 힘을 모아 보여 줘야 한다!”

나는 저절로 힘이 불끈 났다.

그러던 어느 날, 나는 한양에서 날아온 파발을 보고 소스라쳐 놀랐다.

"뭐라고? 조선과 후금이 형제의 맹약을 맺고 전쟁을 끝내기로 했다는 것이냐?"

전쟁을 계속하면 되레 후방을 공격당할지 모른다는 염려와 더불어 명나라를 칠 군사들을 조선에만 오래 둘 수 없다는 속셈으로 후금은 결국 조선에 조약을 제안하였다. 조선 또한 더 버틴다면 나라가 망할 지경이었으므로 그 제안을 받아들였다.

하지만 다시 한양으로 돌아갔을 때 나는 그 맹약이 눈 가리고 아웅이라는 것을 단박에 알 수 있었다.

"어찌 우리가 개돼지나 다름없는 오랑캐와 형제가 된단 말이오?"

"그럼 나라가 망하게 생겼는데 언제까지 그들과 맞서 싸워야 한단 말이오? 뾰족한 대책도 없이 자존심만 내세우면 어쩌자는 것이오?"

후금을 배척하고 명나라를 섬겨야 한다는 척화파와, 이제는 후금의 위세가 커졌으니 친하게 지내야 한다는 주화파로 나뉘어 신하들은 팽팽하게 맞서고 있었다.

'후금의 세력이 점점 커져만 가는데 신하들은 날마다 자기 주장만 내세우고 있으니 장차 우리 조선은 어찌해야 할까?'

나는 답답한 마음에 궐 밖으로 나와 친구들을 찾았다.

"세자마마, 오랜만이옵니다!"

"무사하셔서 참으로 다행입니다!"

전쟁을 치르며 부쩍 어른스러워진 장수와 달궁이가 깍듯이 나를 맞아 주었다. 스스럼없이 서로 낮춤말을 쓰던 우리는 이제 더 이상 예전의 철부지들이 아니었다.

"이번에 보니 후금의 세력이 만만찮더구나. 그런데도 조정 대신들은 옥신각신 싸움질만 하고 있으니 참으로 큰일이다."

나는 걱정스럽게 말했다.

"저는 장차 무관 시험을 보고자 합니다. 힘이 있어야 나라를 지킬 수 있을 테니……."

"저도 무관이 되고 싶습니다! 마마를 호위하는 세자익위사에 들어가 세자마마 곁에 있고 싶습니다."

장수와 달궁이는 힘주어 말했다.

"그게 정말이야? 너희들이 내 곁에 있어 준다면 정말 든든할 것이다."

나는 천군만마를 얻은 듯 갑자기 힘이 났다.

"우리 오랜만에 만났으니 청계천 쪽으로 한번 나가 보는 것이 어떠냐?"

"그리하시지요!"

나는 장수, 달궁이와 함께 모처럼 들뜬 기분으로 청계천으로 향했다. 양반가 도령 차림으로 나섰으니 아무도 내가 왕세자인 줄은 모르리라. 생각을 그리하니 발걸음이 저절로 가벼워졌다. 광화문을 지나 청계천 광통교에 이르자 언제 전쟁이 있었냐는 듯 거리는 예전의 활기를 되찾고 있었다.

그때였다.

"앗, 저 저기, 담이가 아닌가?"

나는 내 눈을 의심했다. 틀림없이 담이였다. 담이는 계집종도 거느리지 않은 채 잰걸음으로 혼자 어디론가 바삐 가고 있었다.

"어? 담이가 대체 어딜 가는 거지?"

궁금증이 생긴 나는 장수와 달궁이를 데리고 담이의 뒤를 쫓기 시작하였다. 담이는 어느 틈에 광통교를 지나 장통교를 건너고 있었다. 그러더니 납작한 초가집들이 주욱 늘어선 골목 안으로 눈 깜짝할 사이에 쑥 들어갔다.

나도 서둘러 담이의 꽁무니를 쫓아갔다. 담이는 한 낡은 초가집 앞에서 주변을 흘끗 살피더니 사립문을 열고 재빨리 안으로 들어갔다.

"아니!"

담이가 들어간 집 들창문에 바짝 다가가 몸을 낮춘 채 귀를 기울이던 나는 하마터면 소리를 지를 뻔하였다. 방에서 들려오는 소리는 조선말이 아닌 후금의 언어인 만주어였다. 이곳에서 담이는 오랑캐들이 쓰는 만주어를 누군가로부터 배우고 있었다.

"아니, 담이가 왜 만주어를 배우지?"

나는 눈이 휘둥그레졌다.

한참 후 공부를 마친 담이가 밖으로 나왔을 때 나는 더 이상 참지 못하고 앞을 막아섰다.

"앗, 저, 저하! 저하께서 여길 어떻게?"

담이가 화들짝 놀라 물었다.

"너야말로 저 집에서 뭘 했지?"

"그, 그건……."

얼굴이 빨개진 담이가 차마 대답을 하지 못했다.

"다 알고 있다. 네가 왜 만주어를 배우는 거냐? 가르치는 사람은 대체 누구이고?"

나는 따지듯 다그쳐 물었다.

담이는 할 수 없다는 듯 말했다.

"이번에 후금이 쳐내려온 걸 보며 비록 힘없는 아녀자이지만 저들과 맞서려면 저들의 말을 배워야 한다고 생각했습니다. 할아버지 말씀이, 후금은 점점 더 강해질 것이고, 머잖아 우리 조선을 또다시 침입해 올 거라고 했어요. 남자들이 창과 칼을 들 때 저는 비록 통역관은 아니지만 저들이 쓰는 말을 배워 두어야겠다고 생각했습니다."

"뭐라?"

나는 머리를 한 대 얻어맞은 듯 놀랐다. 담이는 어린 여자이지만 윤치훈 장군의 손녀딸답게 당차기 그지없었다.

"그건 미처 생각하지 못하였다. 담이 네 말이 옳다. 나도 이제부터 너처럼 만주어를 배워야겠구나."

인왕산 수성동 계곡에서 옷을 빼앗겼을 때처럼 나는 담이에게 또다시 매섭게 혼이 난 기분이었다.

"그럼, 안녕히 가세요!"

담이는 공손하게 인사를 한 후 사람들 속으로 사라졌다.

'요즘 세자빈을 뽑기 위해 처녀 단자를 받고 있다지? 담이가 세자빈 간택에 나서 준다면 얼마나 좋겠는가? 저렇게 영리하고 당차고 어여쁜 담이가 이 나라의 세자빈이 된다면 참으로 좋을 텐데…….'

나는 속으로 중얼거렸다. 하지만 내 바람과는 달리 그해 섣달, 나는 고려 명장 강감찬 장군의 후손인 동부승지 강석기의 둘째 딸과 경덕궁 숭정전에서 가례를 올렸다.

'아, 나는 이제 한 여자의 지아비가 되었구나!'

문득 담이의 얼굴이 눈앞을 스치고 지나갔다.

'그래, 담이가 아무리 어여쁘고 지혜롭고 총명하다 해도 결코 세자빈이 될 수는 없었을 것이다. 담이는 남인 집안의 딸인 것을……. 나는 새도 떨어뜨린다는 서인 집안의 딸들을 간택 과정에서 담이가 어떻게 넘어설 수 있단 말인가!'

혼례를 치르는 내내 나는 마음이 무거웠다.

바람단 날아오르다

몇 년 사이 많은 변화가 찾아왔다. 장수와 달궁이는 무과에 급제하여 그들이 바라던 대로 세자익위사에 들어와 나를 보필하게 되었다. 나는 날마다 그들과 어울려 무술을 익히고 역관을 불러 만주어를 배우는 일을 게을리하지 않았다.

그러던 어느 날, 내게 한 통의 편지가 왔다.

"이건 담이가 보낸 서찰 아닌가?"

나는 반가운 마음에 편지를 펼쳐 보았다.

담이가 무예가 뛰어난 젊은 장수 정필수와 혼인하여 평안도 의주에 가 있다는 소식은 이미 들은 터였다.

저하, 그동안 평안하셨는지요?

무례하옵게도 저하께 전하고 싶은 말씀이 있어서 이렇게 몇 자 올리옵니다. 저의 지아비가 지금 평안도 국경을 수비하는 책임자로 변방에 나와 있사옵니다.

하온데 요즈음 첩자를 통해 알아보니, 아무래도 후금의 움직임이 수상하다고 하옵니다. 홍타이지의 다음 목표는 조선과 명나라라고 하옵니다. 저들의 계략은 조선을 먼저 쳐서 조선이 차후 명나라를 돕지 못하게 만드는 것이라 하옵니다. 그래서 저들은 날마다 조선의 동향을 살피며 군사 훈련에 더욱 힘을 쏟고 있사옵니다.

저하, 그런데 참으로 이상한 점이 있습니다. 이 모든 사실을 지아비가 이미 수차례 상전에 말씀을 올렸건만 어찌 된 일인지 아직까지 아무 대책이 없다 하옵니다.

행여 지난 정묘년 때처럼 조선이 오랑캐의 말발굽에 휩쓸리지 않을까 염려되어 저하께 긴히 연락을 보내는 바입니다. 만약 저와 지아비의 판단이 틀렸다면 그 죄를 달게 받겠사옵니다.

부디 평안하소서.

담이 드림

'음, 변방을 맡고 있는 장수가 보낸 장계를 받고도 보고하지 않는 자가 누구란 말인가? 아마도 후금과 불화가 생기는 걸 달가워하지 않는 쪽일 것이다. 이 일을 어찌해야 하나?'

나는 담이가 전해 온 소식을 조정 대신들에게 전해야 할지 말아야 할지 망설였다.

'그래도 말을 해야 한다!'

굳게 결심한 나는 어전 회의가 열리는 대전으로 나아갔다.

"전하, 소자가 변방에 나가 있는 장수로부터 들은 소식이 온데, 후금이 군사를 모아 놓고 날마다 강훈련을 시킨다 하옵니다. 행여 그들이 지난 정묘년처럼 군사를 이끌고 조선으로 쳐들어오려는 계획은 아닌지 심히 염려되옵니다."

나는 조심스레 말을 꺼냈다. 그러자 척화파 예조 판서 김상헌이 말했다.

"전하, 그렇다면 이번 기회에 우리 조선의 힘이 막강하다는 것을 오랑캐들에게 알려야 하옵니다. 우리가 먼저 군사를 일으켜 저들을 쳐야 하옵니다!"

"아니 되오! 지난 임진년 왜란 때도 그렇고, 정묘년 호란 때도 그렇고, 전쟁이 나면 누가 가장 피해를 보겠소? 바로 힘없는 백성들이오! 전쟁보다는 그들을 구슬려 화친을 맺어

야 하오."

이번에는 주화파 이조 판서 최명길이 목청을 돋우었다. 두 대신의 주장이 하도 팽팽하여 누구 하나 끼어들 틈이 없었다.

"어허, 대신들의 의견이 그리 다르니 어찌하면 좋겠소? 아무튼 좀 더 후금의 낌새를 지켜보도록 하오."

아버지는 안타까운 얼굴로 명하셨다.

'아아, 장차 이 나라를 어찌해야 하나?'

후금을 배척하자는 세력이든, 후금과 친화하자는 세력이든 모두가 나라를 위하는 충심으로 각자의 주장을 내세우고 있음을 알기에 나는 더욱 안타까웠다. 동궁에 돌아와서도 담이가 보낸 서찰이 계속 마음에 걸렸다.

'만약 전쟁이 일어나면 우리 조선은 후금의 기세를 감당할 수 없다. 그들을 이기려면 명나라가 서양에서 들여왔다는 홍이포 같은 막강한 화포가 있어야 한다. 전쟁터를 누비고 다닌 홍타이지가 그런 홍이포의 위력에 대해 모를 리가 없지. 만약 그들이 홍이포를 앞세우고 조선으로 쳐들어온다면……?'

생각만으로도 나는 마음이 답답해졌다.

조선에도 여러 가지 신무기들이 있었다. 포의 크기에 따라 이름을 붙인 천자총통, 지자총통, 현자총통, 황자총통이며 대완구, 중완구, 소완구 같은 화포, 그리고 한꺼번에 여러 개의 불화살을 쏠 수 있는 신기전과 비격진천뢰, 화차들도 있었다. 하지만 그 모든 것과 비교할 수 없는 힘을 지닌 것이 바로 홍이포였다.

'안 되겠다. 어서 화기도감으로 가 봐야겠다.'

마음이 초조해진 나는 총포를 제작하는 곳인 화기도감으로 달려갔다. 몇 년 전 서양에서 배를 타고 일본으로 가려다가 조선의 제주 해안으로 떠내려온 화란 사람 세 명이 그곳에서 일하고 있었다. 명나라가 서양에서 들여온 홍이포는 바로 '붉은 오랑캐의 대포'라는 뜻으로 붉은 머리카락을 가진 화란 사람이 만든 대포라는 뜻을 가진 무기였다.

"우리도 홍이포 같은 신식 화포를 만들 수만 있다면 막강한 힘을 갖게 될 것이다!"

화란 사람들이 총과 화포를 만드는 기술이 뛰어나다는 것을 안 조정에서는 그들을 한양으로 데려와 화기도감에서 일하게 하였는데, 그중 한 명이 바로 박연이었다. 하지만 박연 일행은 화기도감에서 일한 지 여러 해가 되도록 제대로 된 화포를 만들지 못했다. 우선 화포를 만드는 재료부터가 마땅치 않아서였다.

"아직도 화포를 만들지 못하였느냐? 지금 후금이 또다시 우리를 넘보고 있는데 왜 이리 더딘 것이냐?"

나는 안타까운 마음에 버럭 소리를 질렀다.

"저하, 죄송하옵니다."

붉은 수염에 푸른 눈동자를 지닌 박연은 몸 둘 바를 모른 채 쩔쩔맸다.

'아, 답답하다!'

나는 한숨만 내쉴 뿐이었다.

어느새 가을걷이가 끝나고 아침저녁으로 선선한 바람이 옷깃을 스쳤다. 경연을 마친 나는 마침 동궁을 찾아온 동생 봉림에게 말했다.

"마침 잘 왔구나. 오늘 나와 같이 저잣거리에 좀 나가 보지 않으련? 궐에만 있으니 참으로 답답하구나."

"형님, 아바마마께서 아시면 꾸중을 내리지 않으실까요?"

누구보다 효심이 지극한 아우는 걱정스레 물었다. 봉림은 흔한 채소나 소박한 음식조차도 아버지께 먼저 올린 다음에 먹을 정도로 아버지를 극진히 섬겼다.

"하하, 아바마마께서도 가끔 옷차림을 바꾸어 미행을 나가시지 않느냐? 오늘 내가 너와 나가는 것도 백성들을 살피기 위함이니라. 그러니 잘했다고 하실 것이다. 자, 어서 가자."

나는 성큼성큼 동궁을 나서며 웃었다. 봉림은 그제야 총총 나를 따라 나섰다.

"저하, 저희도 함께 가겠습니다!"

어느새 장수와 달궁이도 우리의 뒤를 따랐다.

"형님, 어느 쪽으로 가시렵니까?"

뜻밖의 궐 밖 행차에 봉림은 잔뜩 들뜬 얼굴로 물었다.

"저기 남대문 근처 칠패 시장으로 가 보자."

한양에는 나라의 허가를 받고 독점으로 물건을 파는 시전이 있었으나, 칠패 시장과 같은 난전도 있었다. 나라의 허락을 받고 물건을 파는 곳은 아니었으나 어물을 비롯해 곡식, 포목 등 물건의 값이 헐해서 양반들보다는 서민들이 많이 드나드는 시장이었다. 나는 한양에서 먹고사는 백성들의 꾸미지 않은 모습을 보며 목소리도 듣고 싶었다.

광화문 앞 육조 거리를 지나 칠패 시장 안으로 들어서자 지게를 진 사람이며, 물건을 부리는 사람들, 장을 보러 나온 사람들, 좌판을 벌이고 앉아 장사를 하는 사람들로 온통 북적거렸다.

"어떠냐? 여기 나오니 생생하게 살아 있다는 느낌이 들지 않느냐? 저들은 여기서 좌판을 벌여 놓고 생선 몇 마리, 얼마 되지 않은 팥이며 콩, 조 같은 곡식을 팔아서 먹고사는 것이니라."

주름 가득한 얼굴로 난전에 웅크리고 앉아 물건을 파는 아낙들을 보자 나는 마음이 찡해졌다.

시장 안쪽으로 들어가자 비린내가 진동하는 어물전이 나왔다. 그때였다. 사람들이 화톳불을 피워 놓고 옹기종기 모여 있는 게 보였다.

"우리도 저쪽으로 가 보자꾸나."

나와 아우는 그쪽으로 다가갔다.

"아이고, 이제 곧 강추위가 몰려올 텐데 큰일이구먼. 추수라고 해 봤자 땅임자에게 다 내주고 나면 아이들 입에 풀칠할 것도 안 남으니 원……."

"쯧쯧, 들판에 나가 봐야 얼어붙은 배추 하나 구하기도 힘드니, 올겨울을 또 어찌 살아야 하나……."

남자들이 땅이 꺼지게 한숨을 내쉬었다.

"여보게, 우리가 언제 배불리 먹은 적이 있나? 허기보다 더 무서운 놈이 닥칠까 그게 걱정이지."

눈썹이 부리부리한 또 다른 남자가 갑자기 걱정스러운 투로 말했다.

"아니, 그게 뭔가?"

사람들이 고개를 갸우뚱하며 그 남자를 바라보았다.

"아, 글쎄 이번에 함경도까지 어물을 사러 갔다 왔는데 거기 사는 사람들이 말하기를, 아무래도 뭔가 수상하다는 거야. 보통 이맘때쯤이면 후금 오랑캐 놈들이 떼거지로 몰려와 곡식이며 가축을 노략질해 갔는데 이번에는 어쩐지 잠잠하다는 거야."

"아니, 그놈들이 도적질하러 오지 않으면 잘된 일 아닌가? 그런데 더 무서운 놈이라니 그건 또 무슨 뚱딴지같은 소리야?"

옆에 있던 사람이 의아한 얼굴로 물었다.

남자는 갑자기 목소리를 낮추어 말했다.

"아무래도 더 큰 노략질을 하러 오려는 속셈이 아닌가 싶다는 거지. 지난 정묘년에도 그놈들이 저희들 나라로 돌아가면서 평안도나 황해도 마을들을 이 잡듯 뒤져 곡식이며 가축, 심지어 아녀자들까지 끌고 갔다지 않은가?"

"그, 그렇다면 또 저, 전쟁이 일어날지 모른다는 건가? 응?"

"허허, 그거 참!"

사람들은 두려워하면서도 혀를 끌끌 찼다.

"아니, 나라님은 대체 뭘 하시기에 백성들이 그렇게 당하는 걸 보고만 있는 거지? 하긴 구중궁궐에만 계시는 나라님이 뭘 아시겠는가!"

왼뺨에 팥알만 한 점이 있는 한 남자가 나라님을 원망하며 볼멘소리를 하였다.

그 순간 아우 봉림이 발끈 성을 냈다.

"이보시오! 무슨 말을 그리하시오? 나라님도 밤잠 못 주무시고 백성들을 위해 애쓰고 있다는 걸 모르시오?"

"아니, 무지렁이 우리들이 그걸 어찌 아오? 옳아, 양반집 도련님들은 귀한 집 자제들이시니 임금님의 소식을 전해 들어서 알겠구먼. 그렇다면 제발 상감마마께 전해 주시오! 이 조선 땅에 다시는 오랑캐 놈들이 쳐들어오지 못하도록 해 달라고 말이오."

"그렇소. 비록 가난해도 우린 그저 마음 편히 두 다리 쭉

뻗고 자고 싶은 게 소원이오."

"하긴 뭐……. 나라에 난리가 나면 상감마마랑 왕세자, 벼슬아치들이 제일 먼저 도망을 갑디다."

사람들은 여전히 비아냥거렸다.

"아니, 이 사람들이 지금 무슨 소리를 하는 건가? 당장 관아에 잡혀가 임금을 모독한 죄로 곤장을 맞고 싶은가?"

평소에는 의연하던 봉림이 화가 나서 호통을 쳤다. 어느 틈에 장수가 허리에 찬 칼집에 손을 대는 게 보였다.

"됐다, 이제 그만! 이 사람들의 말이 백번 옳다."

나는 봉림을 말리며 그들 편을 들어주었다. 그러고는 차분하게 말했다.

"여보시오, 임금님이 제일 걱정하는 건 백성들의 평안과 행복이라오. 난리가 나서 피난을 가는 것도 모두 나라와 백성을 지키기 위함이지요. 상감마마께서는 오랑캐가 얼씬도 못하도록 수어청을 만드셨고, 어영청을 정비하여 훈련도감과 더불어 나라 안팎의 방비에 힘을 쏟게 하고 있소. 그러니 안심하시오. 두 번 다시 오랑캐에게 힘없이 당하는 일은 없을 테니 말이오."

"그, 그렇지요? 역시 양반가 자제분들이라 아는 게 많구면. 암, 오랑캐 놈들이 아무리 날래지만 한양까지 오려면 힘들 거요."

"암, 그럴 테지. 우리 군사들은 뭐 핫바지란 말인가? 그놈들에게 한양을 날름 내줄 리가 없지."

사람들은 그제야 얼굴이 환해졌다.

칠패 시장을 도는 동안 봉림은 화가 나서 씩씩거렸다.

"형님, 백성들이 두렵습니다. 저런 평범한 사람들이 나랏일에 대해서 어찌 저리 잘 알고 있는지요?"

"그래, 그들에게도 눈이 있고 귀가 있고 입이 있다. 그러니 다 보고 듣고 하는 말일 것이다. 발 없는 말이 천 리를 간다는 말도 있듯, 백성의 뜻이 가장 엄중한 것이니라."

나는 대궐로 돌아가는 내내 마음이 무거웠다.

'백성들이 안심하고 살 수 있는 나라를 만들어야 한다. 그러려면 우리가 힘을 길러야 할 텐데……'

나는 속으로 중얼거렸다.

며칠 후 나는 아우 봉림과 달궁, 장수를 동궁으로 불러들였다.

"나는 요즘 자꾸 두려운 생각이 든다. 지난번에 칠패 시장에서 만났던 상인들의 말대로 후금이 언제 또 국경을 넘어

올지 알 수 없는 일이다."

"우리 뒤에 명나라가 있다는 걸 알면서도 설마 그리 쉽게 쳐들어올까요?"

봉림이 걱정스레 물었다.

"명나라는 이제 국가의 힘이 약해져 점점 종이호랑이가 되어 가고 있다. 이제 후금의 시대가 오고 있는 거야. 그런데도 조정에서는 옥신각신 다투고만 있으니 우리라도 무언가 대책을 세워야만 한다."

"어찌해야 할지요?"

장수가 걱정스레 물었다.

"만약 나라에 위급한 상황이 생기면 우리의 편이 되어 줄 젊은이들이 필요하다. 담력과 무예가 뛰어난 유능한 청년들 말이다."

"형님, 혹시 사사로이 군사를 거느리겠단 말씀입니까? 그, 그걸 조정에서 알면 어쩌시려고요?"

"나는 조정 신하들을 믿지 않는다. 후금이 우리 턱밑까지 쫓아와 창칼을 겨누고 있는데도 저들은 날마다 자기주장만 일삼고 있다. 우리라도 힘을 길러야 하지 않겠느냐? 아우 네가 나보다는 궐 밖 출입이 자유로우니 이 일을 맡아 다오. 우선 젊은이들을 모아서 우리가 살던 어의궁 뒤쪽에 몰래 훈련장을 마련하고 무예를 연마하게 했으면 한다. 장수와 달궁이, 그리고 흑두가 앞장서서 너를 도울 것이다."

"예, 알겠습니다 형님. 제가 나서서 준비를 하겠습니다."

그제야 봉림이 말뜻을 알아듣고 힘주어 말했다.

"저희도 이 일에 힘을 다해 나서겠습니다!"

장수와 달궁이도 주먹을 불끈 쥐었다.

장정들을 신속하게 모은 봉림은 인왕산 뒤쪽 너른 숲속에서 군사 훈련이 한창이라고 귀띔해 주었다. 나는 그들에게 '바람단'이라는 이름을 지어 주고, 바람 풍(風) 자를 새긴 나무 목걸이를 세상 누구도 모르게 만들어 목에 하나씩 걸어 주었다.

바람단 젊은이들은 봉림을 비롯하여 달궁이와 장수, 흑두의 가르침을 받으며 창, 칼, 활을 다루는 맹훈련을 받느라 땀을 흘렸다.

나는 틈만 나면 말을 달려 인왕산 기슭으로 달려가 그들을 격려했다. 바람단은 어느새 삼백여 명의 정예 부대로 자라나고 있었다.

"이야아 얍! 얍!"

"쨍! 쨍!"

우렁찬 기합 소리와 칼 부딪치는 소리가 인왕산 자락에 울려 퍼졌다.

'마음이 든든하구나. 나라에 무슨 일이 생기더라도 저들이 앞장서서 큰일을 해낼 수 있을 것이다.'

나는 마음이 뿌듯했다.

"너희들은 바람처럼 자유롭게, 바람처럼 재빠르게 날아 이 나라를 지켜야 한다!"

나는 바람단을 향해 힘주어 소리쳤다.

한양에서 국경으로

　온 세상이 꽁꽁 얼어붙은 겨울, 나는 하늘이 무너지는 슬픔을 당하였다. 막내 동생을 낳으신 어머니께서 갑작스러운 병세로 세상을 떠나신 것이다. 대궐에서는 어머니의 장례를 치르기 위하여 관을 모실 빈전도감, 장례를 진행할 국장도감, 그리고 어머니의 능을 꾸릴 산릉도감이 차려졌다. 신하들과 왕실 가족들은 모두 상복을 입고 애통해하였다. 후금은 마치 기회를 기다리고 있었다는 듯 이듬해 늦은 봄, 어머니의 조문을 핑계로 용골대와 마부대 일행을 조선으로 보내왔다.
　사신단의 우두머리 용골대는 홍타이지가 보내는 국서를

전했다. 이제 후금은 명나라에 버금가는 황제의 나라가 되었으니 몽골이나 만주의 여러 나라들처럼 조선도 후금에 대하여 황제의 존호를 쓰고, 더 이상 형제의 나라가 아닌 군신으로서의 예를 갖추라는 내용이었다.

"그 무슨 당찮은 소리요? 하늘에는 해가 둘이 아니며 사람에게는 아버지가 둘이 없듯, 신하에게는 임금이 둘일 수 없음을 모르시오?"

"뭐라? 오랑캐들이 세운 나라가 감히 우리에게 군신의 관계를 요구한단 말이오? 형제의 맹약을 맺었던 것도 못마땅한 일이거늘!"

후금을 우습게 여기는 조정 대신들은 후금 황제가 보내온 국서를 물리쳤다.

사실 정묘호란 이후 후금은 툭하면 압록강을 건너 쳐들어와 조선의 마을들을 들쑤셔 곡식이며 재물을 약탈하였고, 형제의 맹약 대신 임금과 신하의 관계인 '군신의 의'를 맺자며 억지를 부려 왔다. 게다가 황금 백 냥, 은 천 냥, 각종 직물 일만 이천 필, 말 삼천 필, 전쟁에 나가 싸울 군사 삼만 명 등 수많은 물자를 내달라는 요구를 하며 끊임없이 조선을 괴롭혀 왔다.

"더 이상은 후금의 횡포를 두고 볼 수 없소이다!"

"용골대의 목을 당장 베어야 하오!"

참을 만큼 참아 온 조정 대신들은 이제는 본때를 보여 줘야 한다며 목청을 돋웠다. 그리고 빈전이 좁다는 이유로 후금 조문단을 궐 밖에 친 장막에 머물게 하였다. 푸대접을 받은 용골대 일행이 막사에 들어갔을 때였다. 갑자기 세찬 바람이 불자 허술하게 친 장막의 휘장이 휙 날아갔다.

그러자 장막 뒤에 창검을 찬 조선 군사들이 죽 늘어서 있는 게 보였다.

"아니……!"

"이건 우리를 죽이려는 계략이다!"

용골대와 조문단 일행은 얼굴이

하얗게 질렸다. 황제의 본뜻을 조선에 전했다가 본전도 못 건지고 되레 목숨의 위협을 느낀 용골대는 사신들을 이끌고 서둘러 달아나 버리고 말았다. 용골대가 도망가자 조정에서는 다급하게 대책을 논의하였다.

"평안 감사에게 당장 일러 의주를 비롯한 서북과 동북쪽에 병기를 보내게 하고, 후금과 전쟁을 치를 방비를 하도록 밀서를 보내야 하오!"

신하들이 의견을 내놓았다. 마침내 밀서를 지닌 전령이 다급하게 북쪽을 향해 출발했다. 하지만 얼마 후 놀라운 소식이 전해졌다. 밀서를 가지고 북쪽으로 향하던 전령이 용골대 일행에게 붙잡혀 밀서를 빼앗겼다는 소식이었다.

"뭐라? 조선이 감히 우리와 전쟁을 하겠단 말이지? 에잇, 용서할 수 없다!"

밀서를 보고 조선의 속내를 알게 된 용골대는 결국 조선의 계략을 고스란히 홍타이지에게 알렸다.

그 후 들려오는 소식은 나를 더욱 답답하게 하였다. 홍타이지는 보란 듯이 나라 이름을 청으로 바꾸고 황제의 자리에 올랐다.

그러던 어느 날 놀라운 소식이 날아왔다. 홍타이지가 황제로 즉위하는 날 축하 사절단으로 갔던 조선의 나덕헌, 이곽 두 사신이 오랑캐 황제에게는 절할 수 없다며 예를 올리지 않겠다고 버틴 채 저항하자 홍타이지는 두 사신을 죽지 않을 만큼만 때린 뒤에 편지를 함께 보내왔다.

감히 너희가 나와 이 황국을 모욕하다니! 너희가 아무리 산성을 쌓아도 내가 큰길로 곧장 한양에 쳐들어간다면 깊은 산에 쌓은 성이 무슨 소용이며, 너희가 강화도로 피

난을 간다 해도 내가 조선 팔도를 짓밟으면 그 작은 섬이 무슨 소용이 있으리! 또한 나를 적으로 삼자고 주장하는 자들이 모두가 선비인데, 그들이 붓을 휘두른다고 나를 막을 수 있겠느냐? 섣달 이전까지 높은 벼슬아치들과 왕자를 보내어 용서를 구하지 않으면 군대를 일으켜 곧바로 조선으로 쳐들어갈 것이다!

"홍타이지, 감히 우리 조선을 능멸하다니! 가만둘 수 없소!"

"큰소리치는 걸 보면 자신 있다는 게 아닐까요? 그러니 공연히 비위를 건드리지 않도록 왕자 한 분과 대신을 보내도록 합시다!"

"무슨 소리? 군사를 일으켜 놈들의 코를 납작하게 해 줘야 하오!"

"뒷감당을 어찌하려고 그런 소리를 하는 게요?"

신하들은 벌집을 쑤셔 놓은 듯 떠들어 댔다.

'홍타이지가 정말 군사를 일으키면 어떡하지?'

나는 지난날 받았던 담이의 편지와, 내가 직접 보고 들은 칠패 시장 상인들의 말이 떠올라 불안한 마음을 감출 수 없었다. 전부터 전쟁 준비를 해 온 그들이니 만만하게 볼 일이 아니었다. 마음만 먹는다면 언제든 압록강을 건너 달려올지 모를 일이었다. 게다가 그들이 원하는 건 조선의 왕자와 높은 벼슬아치들이라 하니 않았던가!

'함부로 볼모를 보낼 수는 없다. 하지만 이 일을 어떻게 피하겠는가? 옳지! 만약 내가 직접 도르곤을 만날 수만 있다면 전쟁을 막기 위해 도움이 될 만한 정보를 알아낼 수 있지 않을까?'

홍타이지의 총애를 받고 있는 도르곤이라면 청나라의 진짜 속셈을 알고 있을 터였다. 하지만 도르곤을 만나려면 수많은 난관을 헤쳐 나가야만 했다. 왕세자인 내가 이 궁궐을 벗어나 멀리 청나라의 수도 심양까지 간다는 건 어림없는 일이었다. 그렇다고 도르곤을 한양으로 불러오는 것은 더욱더 어려울 일이었다.

"아아, 어찌해야 하나?"

나는 동궁에서 홀로 왔다 갔다 하며 좀처럼 마음을 잡을 수 없었다. 그때였다. 갑자기 흑두가 다급하게 한 통의 서찰을 가져왔다. 바로 담이가 보낸 서찰이었다. 나는 서둘러 편지를 펼쳤다.

저하, 다급하게 몇 자 올리옵니다.

아무래도 이번에는 청에서 정말로 군사를 일으킬 것 같습니다. 첩자에 의하면 그들은 명나라 침공에 걸림돌이 될지 모르는 조선을 먼저 친 다음 명나라를 치려는 계략을 꾸미고 있다 하옵니다. 그리고 조선에 다녀온 용골대가 압록강 주변에 군사들을 모아 놓고 훈련을 거듭하는 등, 그 움직임이 심상치 않사옵니다. 지난 정묘년 때와 같이 압록강이 얼기를 기다렸다가 조선으로 쳐들어오지 않을까 심히 염려되옵니다.

저하, 혹시 도움이 될까 싶어 덧붙이옵니다. 소인이 얻은 정보에 따르면, 지금 압록강 건너 국경 근처에 청나라 왕자 도르곤이 와 있다 하옵니다. 만약 저하께서 도르곤을 만나 친선을 도모한다면 코앞에 닥친 전쟁을 막을 수 있지 않을까요?

저하께서 의주로 오신다면 저하께서 도르곤을 만나실 수 있도록 의주 부윤 임경업 장군과 소인의 지아비가 다리를 놓아 드리겠나이다.

그럼 빠른 답장 주소서.

　　　　　　　　　　　　　　　　　답이 드림

"뭐라? 도르곤이 지금 압록강 국경 근처에 있다니! 이건 하늘이 주신 기회이다. 담이가 내 마음을 환히 꿰뚫고 있구나. 당장 달려가 도르곤을 만나야겠다. 홍타이지가 제시해 온 섣달 이전까지 무엇이라도 하여 해결을 봐야만 한다!"

나는 마음이 급해져 담이에게 답장을 보냈다. 의주로 갈 터이니 반드시 도르곤과의 만남을 성사시켜 달라는 내용이었다.

나는 아우 봉림을 불러 내 계획을 알렸다.

"아우야! 나는 이제 곧 의주로 떠날 것이다. 내가 없는 동안 바람단을 잘 이끌어 주기 바란다. 아바마마께는 내가 고뿔에 들어 며칠 문안 여쭙지 못한다고 알릴 테니 뒷일을 부탁한다!"

"형님, 혹시라도 그들이 옳다구나 하고 형님을 볼모로 삼아 돌아오지 못하시면 그때는 어찌합니까? 안 됩니다. 형님 대신 제가 가겠습니다!"

봉림이 두 팔을 벌려 내 앞을 막아섰다. 어느덧 봉림은 기

골이 장대한 사내가 되어 있었다.

"그건 안 된다. 도르곤은 나와 친구를 맺은 사이니 결코 그런 비열한 짓을 하지는 않을 것이다. 믿어야 한다. 믿지 못하면 아무 일도 할 수 없다. 어서 비켜라. 한시가 바쁘다!"

나는 봉림을 제치고 성큼성큼 밖으로 나갔다. 이미 흑두와 장수, 달궁이가 떠날 준비를 마치고 기다리고 있었다.

"저하, 부디 몸조심하시어요."

세자빈이 나와 배웅을 하였다. 나는 말을 달려 바람처럼 궁을 빠져나갔다.

다시 만난 도르곤

한양에서 의주까지는 천 리가 훨씬 넘는 머나먼 길이었다. 한양을 떠나 곧은길로 빨리 달려도 개성을 거쳐 황주, 평양, 안주, 신천, 의주까지 못해도 열흘은 잡아야 했다. 하지만 아무도 모르게 비밀스레 다녀와야 하는 길이기에 나는 나라에서 운영하는 역참을 이용할 수도 없었다. 미리 바람단원 몇 명을 간신히 보내 두어 우리가 지나는 길목마다 빠르고 튼실한 말을 준비해 두도록 일렀다.

"어서 가자!"

나는 일행을 이끌고 말을 달렸다. 홍제원, 구파발, 고양 벽제관을 지나 파주 회음령, 임진 나루까지 한시도 쉬지 않고 달렸다. 하지만 아무리 말을 빨리 달려도 개성까지 사나흘 이상은 잡아야만 했다. 한시가 급했다.

강이 꽁꽁 얼어붙어 나룻배를 타지 않고 곧바로 얼음판 위로 말을 달렸다.

얼음이 얼굴로 팍팍 튈 정도로 무서운 속력으로 강을 건너니 날은 이미 어두워져 있었다. 하지만 말을 멈출 수가 없었다.

"저하, 더 이상은 위험하옵니다. 앞에 보이는 호랑이 고개는 길이 가파르고 험해서 행여 캄캄한 밤에 말이 넘어지기라도 하면 큰일이옵니다. 오늘은 저기 있는 주막에서 주무시고 가시지요."

불빛이 보이는 주막을 가리키며 흑두가 말했다. 아무리 급해도 쉬었다 가야만 했다.

"그러자."

나는 일행을 끌고 주막 안으로 들어갔다. 청나라와 의주를 오가는 상인들로 주막 안은 시끌벅적했다.

"어이쿠, 지체 높으신 도령들께서 어인 일로 행차를 나온 모양이구먼."

"이쪽으로 앉으시지요."

술을 마시고 얼굴이 불콰해진 장꾼들이 우리가 앉을 수 있도록 자리를 비켜 주었다.

"우리도 국밥 한 그릇 주시오."

나는 장수, 달궁, 흑두와 함께 밥을 달게 먹었다.

"의주 부윤께서 과연 우리의 뜻을 도르곤 쪽에 잘 전했을까요? 혹시 우리가 헛걸음을 하는 거라면……?"

장수가 목소리를 낮추어 걱정스레 물었다.

"안 되면 무슨 수를 써서라도 저하 앞에 도르곤을 데려와야겠지."

달궁이가 옆에서 힘주어 말했다.

"그럴 일은 없을 거야. 이미 첩자를 보내 우리가 간다는 연통을 했을 것이다. 도르곤도 우릴 기다리고 있을 거야."

나는 몇 년 전 무술 경합을 하며 봤던 도르곤의 모습을 떠올리며 대답했다.

저녁상을 물린 우리 일행은 봉놋방에 들어가 굴비 두름처럼 나란히 사람들 틈에 누웠다. 이른 아침부터 시작된 강행군에 모두들 코를 골며 잠이 들었다. 그때 벽 쪽에서 두런두런 소리가 들려왔다.

"나는 이번 장사가 끝나면 다시는 국경을 넘지 않으려네.

자네도 듣지 않았나? 청의 황제가 지금 군사들을 마구잡이로 모으고 있다는 얘기 말일세."

"아무래도 곧 전쟁이 일어날 것 같아."

그 소리를 듣고 있던 나는 도무지 잠을 이룰 수 없었다.

'정말로 전쟁이 코앞에 닥친 걸까? 안 된다. 어떻게든 막아야 한다. 나의 이번 의주행은 나라의 운명이 달린 중요한 만남이 될 것이다.'

나는 잠을 자는 둥 마는 둥 하고는 날이 밝기 무섭게 다시 길을 떠났다.

하루, 이틀, 사흘……. 파주를 넘어 개성을 지나 평산, 황주를 지나자 길은 점점 더 힘해졌다. 하지만 우리는 숨이 턱에 닿도록 달리고 또 달렸다. 다행히 중간중간 바람단원들이 미리 말을 준비해 주어 속도를 늦추지 않을 수 있었다. 나는 말고삐를 바짝 당긴 채 힘차게 달려갔다. 마침내 평양을 지나 의주에 닿았다.

"저하, 어서 오십시오!"

"저하, 먼 길 오시느라 애쓰셨나이다!"

길목을 지키고 있던 의주 부윤 임경업과 담이의 지아비 정필수가 마중을 나와 우리를 국경 근처 외딴 초막으로 안

내했다. 사냥꾼들이 사냥을 나왔다가 머물다 가는 허름한 집이었다.

"저하, 문안드리옵니다."

초막에서는 뜻밖에도 담이가 기다리고 있었다. 쪽진 머리에 비녀를 꽂은 단아한 모습으로 담이는 환하게 웃으며 우리를 맞아 주었다.

"이번 일을 주선해 주어 고맙구나."

나는 오랜만에 보는 담이와 반가운 인사를 나누었다. 야무지고 똑똑한 담이가 없었다면 이번 의주행은 엄두도 내지 못했을 것이었다.

장수, 달궁이와도 반가운 인사를 나눈 담이는 미리 준비한 음식을 차려 내왔다.

"저하, 도르곤 쪽에는 이미 연락을 해 놓았습니다. 오늘 밤 술시에 도르곤이 몰래 국경을 넘어 이리로 올 것입니다. 이곳에서 두 분이 허심탄회하게 모든 이야기를 나누시옵소서."

의주 부윤 임경업이 말했다.

"장군, 참으로 고맙소. 장군의 용맹스러움은 조정에서도 잘 알고 있소."

"저하, 과찬이옵니다. 소인은 명나라를 두고 청나라와 화친하는 것은 당치 않다 여기옵니다. 하오나 조선은 아직 청과의 전쟁을 할 준비가 되어 있지 않기에 도호부사 정필수의 의견에 따른 것이옵니다. 언젠가 조선의 힘이 단단해지면 반드시 청을 치는 일에 앞장설 것이옵니다."

임경업은 자신의 의지를 굽히지 않고 말하였다.

"그대의 마음을 잘 알고 있소. 하지만 소나기가 내릴 땐 잠시 피해 가는 법이오. 지금 전쟁을 치르게 되면 또다시 수많은 백성들이 죽어 갈 것이오. 백성들을 위해서라도 전쟁은 막아야만 하오."

나는 힘주어 말했다.

이윽고 밤이 깊었다. 도르곤과 만나기로 한 시각이 다가오고 있었다. 나는 초조한 마음으로 초막 밖으로 나왔다. 밤하늘에 가느다란 초승달만 떠 있을 뿐 온 사방이 캄캄했다.

'정말 오려나?'

가슴이 두근두근거렸다. 얼마를 더 기다렸을까? 조용하던 숲에서 사락사락 무슨 소리가 들렸다. 나와 장수, 달궁, 흑

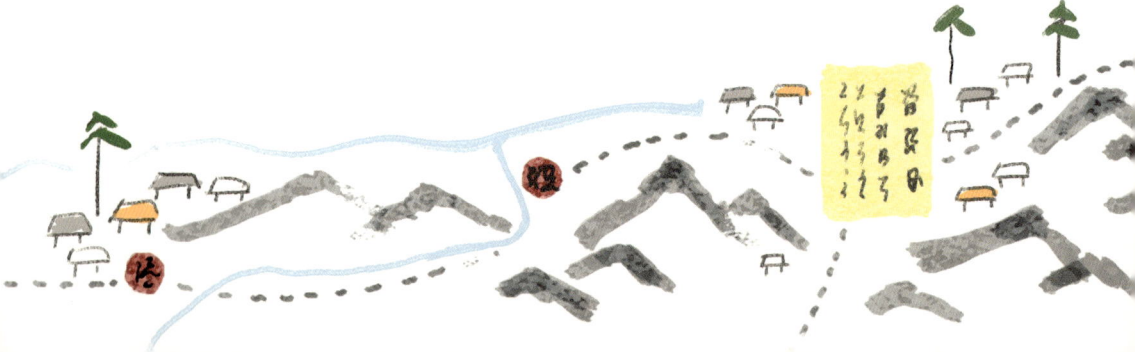

두는 잔뜩 긴장한 채 그 소리에 귀를 기울였다.

"저하, 조선의 왕자와 높은 벼슬아치들을 보내라 요구한 청의 황제이니, 혹시라도 저들이 오늘을 기회로 저하를 납치하려 하지 않을까 염려되옵니다. 만약 그런 일을 대비하여 군사를……."

정필수가 낮게 말했다.

"그건 안 되오! 이는 어디까지나 사나이와 사나이끼리의 약속이오. 나는 도르곤을 믿소!"

나는 정필수의 말이 채 끝나기도 전에 고개를 저었다. 내가 이미 한양에서 국경으로 왔으니 이미 물은 쏟아진 뒤였다. 모든 건 잠시 후면 다 밝혀질 일이었다.

서걱거리는 소리는 점점 가까이 다가왔다. 머리카락을 뒷부분만 남기고 깎아서 땋아 내린 변발을 한 덩치 큰 도르곤이 이마를 훤히 드러내며 어둠 속에서 나타났다. 그 뒤로 세 명의 무장들이 따르고 있었다.

"도르곤, 이렇게 와 줘서 고맙다!"

나는 들뜬 마음에 큰 소리로 외쳤다.

"친구, 오랜만이다!"

마침내 도르곤과 나는 마주 서서 손을 흔들며 인사를 하였다.

우리는 양쪽 수행원들을 다 물리어 놓고 단둘이 초막 안으로 들어갔다. 아직 서툰 만주어 실력이지만 나는 도르곤과 허심탄회하게 이야기를 나누고 싶었다.

"도르곤, 시간이 없으니 만나자고 한 용건을 말하겠다. 지금 너희가 조선을 치려고 군사를 모으고 있다는 게 사실이더냐?"

"그렇다. 황제께서는 조선을 괘씸하게 여기고 계신다. 하지만 너희가 명나라를 버리고 우리를 황제의 나라로 섬긴다면 우리는 결코 너희를 침략하지 않을 것이다."

"도르곤, 어찌하여 황제께서는 지난 정묘년에 맺은 형제의 맹약을 어기고 군신의 예를 갖추라 하는가? 양국이 이미 형제의 맹약을 맺었기 때문에 조선 조정에서 황제의 요구를 받아들이려면 상당한 시간이 필요하다. 도르곤, 네가 나를 대신하여 황제께 나의 뜻을 전하고 부디 전쟁을 막아 주기 바란다."

"이미 늦었다. 우리는 너희에게 수차례 경고를 보냈다. 그런데도 너희는 우리의 요구를 묵살하고 우리를 우습게 여겼다. 황제께서는 더 이상 참지 않을 것이다."

"칼과 창으로 이웃 나라를 협박하고 윽박지르는 건 황국의 제왕답지 못한 일이다. 조선이 비록 너희보다 땅덩이는 작으나 전쟁이 일어나면 온 힘을 다해 싸울 것이다. 그렇게 되면 죄 없는 우리 백성들은 물론 너희 군사들도 싸움터에서 죽어 갈 것이 아니냐? 너희가 정녕 원하는 것이 그것이냐? 진정으로 조선과 화친하기를 바란다면 무기가 아니라 자애로움을 보여 줘야 한다."

나와 도르곤은 서로 지지 않고 말을 주고받았다. 내가 청의 황제 홍타이지를 모욕하는 발언을 할 때면 도르곤의 짙은 눈썹이 구렁이처럼 꿈틀거렸다. 당장이라도 마주앉은 탁자를 둘러엎을 기세였다. 하지만 나는 할 말을 끝까지 했다. 여기서 밀리면 끝장이었다.

"좋다, 친구. 내가 돌아가서 황제께 네 뜻을 전하겠다. 하지만 큰 기대는 하지 말라."

"알겠다. 나의 소중한 벗인 네가 부디 황제의 마음을 돌릴 수 있기를 바란다."

나와 도르곤은 팔을 걸고 힘주어 인사를 나눴다.

도르곤 일행이 떠나고, 밖에 있던 임경업을 비롯하여 담이 내외와 달궁, 장수, 흑두가 안으로 들어섰다. 모두 손에

땀을 쥐고 있었는지 긴장한 빛이 가득했다.

"도르곤이 정말 저하의 뜻을 전할까요?"

"반드시 그리할 것이다. 이제 주사위를 던졌으니 기다릴 수밖에……."

도르곤과의 담판을 끝내고 나자 나는 온몸의 힘이 쭉 빠졌다.

병자년, 오랑캐가 다시 오다

병자년도 그 끝자락을 향해 흐르고 있었다. 병자년의 추위는 그 어느 때보다 혹독해서 온 도성을 꽁꽁 얼어붙게 만들었다.

'도르곤이 과연 내 말을 황제에게 전했을까?'

의주를 다녀온 후 나는 청나라의 움직임에 촉각을 세웠다. 의주에서 나를 도왔던 임경업과 정필수가 가끔 청나라 정세를 알려 오곤 했지만 더 자세한 내용을 알 수 없어 안타까웠다. 그러는 사이 조정 대신들은 제각기 떠드느라 청의 황제가 제시했던 섣달에 이르기까지 아무런 대책도 내놓지 못하고 있었다.

결국 병자년 섣달, 하늘이 무너지는 소식이 날아오고야 말았다.

"뭐라고? 십만이 넘는 청나라 대군이 압록강을 건너 남쪽으로 진격하고 있다고?"

조선의 왕자와 척화파를 청으로 보내라는 요구를 해 오던 청나라가 보복이라도 하듯 군사를 이끌고 얼어붙은 압록강을 건너왔다는 놀라운 소식이었다. 온 나라가 벌집을 쑤셔 놓은 듯 들끓었다. 청군은 지난 정묘호란 때처럼 압록강이 꽁꽁 얼어붙기를 기다렸다가 기병대를 앞세워 섣달 아흐렛날 번개처럼 내려온 것이다.

'아뿔싸, 도르곤이 황제를 회유하는 데 실패했구나! 지난 정묘년 때는 삼만 군사로도 온 나라가 쑥대밭이 되었건만, 이번에는 십만이 넘는 군사라니!'

나는 그저 눈앞이 캄캄하였다. 온 세상이 빙글빙글 도는 것 같았다. 도르곤을 철석같이 믿고 있다가 뒤통수를 얻어맞은 기분이었다.

"어허, 일이 이 지경이 되도록 대체 우리 군사들은 무엇을 했단 말이냐?"

아버지 역시 서안을 내리치며 울분을 터뜨리셨다.

"전하, 청군이 압록강을 건넜을 때 의주 부윤 임경업이 군사를 모두 이끌고 백마산성을 굳게 지키고 있었다 하옵니다. 하지만 애통하게도, 앞장서서 침략해 오던 청나라의 마 부대가 이미 그 사실을 알고는 백마산성을 피해 곧바로 한양으로 달려오는 중이라 하옵니다."

"군무를 총괄하는 도원수를 맡은 김자점이 올겨울에는 오랑캐들이 쳐들어올 일이 없다며 장담을 했었다 하옵니다. 뿐만 아니라 도원수는 청나라가 추운 겨울에 군사를 일으킬 리 없다며 청나라의 침입을 알리는 봉화까지 무시했다고 하옵니다. 그러다가 청군이 압록강을 넘고도 사흘이나 지나 겨우 소식을 보내 왔으니 참으로 통탄할 노릇이옵니다."

청군이 압록강을 건넌 지 열흘도 안 되어 개성을 지나 한양 가까이 이르렀으니 그야말로 땅을 칠 일이었다.

"전하, 어서, 어서 옥체를 피하시옵소서!"

대신들은 다급하게 아버지를 재촉하였다.

"우선 세자빈과 원손, 봉림 대군, 인평 대군은 왕실의 아녀자들과 함께 강화도로 피신하도록 하라!"

아버지는 판윤 김경징을 검찰사로, 부제학 이민구를 부사로 임명한 뒤 당부하셨다.

"형님, 제가 먼저 강화도로 들어가 그곳을 지키고 있겠습니다. 형님께서는 아바마마를 모시고 서둘러 뒤따라오십시오!"

봉림은 나를 찾아와 다급하게 말했다.

"그래, 어서 강화도로 떠나거라. 언제 청의 군대가 들이닥칠지 모르니 한시가 바쁘다! 나도 아바마마를 모시고 곧 떠나도록 하마."

나는 봉림의 등을 떠다밀며 재촉하였다. 세자빈을 비롯하여 아우 내외, 그 외 왕실 가족들이 서둘러 강화도로 떠났다.

"흑두야, 어서어서 달궁이와 장수를 들라 하여라!"

봉림과 작별한 후 나는 다급하게 일렀다. 소식을 들은 달궁이와 장수도 헐레벌떡 달려왔다. 그들의 손에는 이미 장도가 들려 있었다.

"너희들은 즉시 바람단을 소집하여 그들에게 일러라! 전하와 내가 강화도로 떠나고 도성이 텅 비게 되면 이곳은 청나라 군대의 차지가 될 것이다. 너희 둘은 바람단과 힘을 모아 우리의 배후를 지켜 다오."

"저하, 저희는 여기 남아 적군의 기척을 살피고 전령을 통해 그 소식을 전하겠습니다."

"고맙네. 그럼 몸조심하게."

나는 달궁이와 장수를 힘주어 끌어안았다. 어릴 때부터 같이 뛰어놀고 이제는 동지가 된 소중한 동무들이었다.

"그럼, 곧 만나기를 빌겠네!"

장수와 달궁이는 눈자위가 붉어진 채 다급하게 뛰어나갔다. 모든 게 눈 깜짝할 사이에 벌어진 일이었다.

"저하, 어서 떠날 차비를 하소서!"

궁인들이 서둘러 짐을 챙기며 재촉하였다.

'아아, 이렇게 또 쫓겨 가야 하다니!'

알 수 없는 분노가 가슴을 치밀고 올라왔다. 하지만 가야만 했다. 언제 한양으로 적군이 들이닥칠지 모르는 판에 궁궐에 남아 있다가 개죽음을 당할 수는 없는 일이었다. 날이 저물 무렵 아버지와 나는 강화도로 떠나기 위해 다급하게 대궐을 나섰다. 그때 또다시 놀라운 소식이 날아왔다.

"마마, 지금 적의 장수 마부대가 기마병 수백을 이끌고 벌써 양천리 고개까지 쳐들어왔다 하옵니다. 그들은 이미 전하께서 강화도로 피난하실 것을 알고 그쪽 길목을 지키고 있다 하옵니다. 자칫하면 강화도에 가기도 전에 그들에게 잡힐 것이니, 가마를 돌리시어 남한산성 행궁으로 가셔야 하옵니다. 서두르셔야 합니다!"

"그들이 어찌 그리 빨리 한양까지 왔단 말이냐?"

아버지는 숭례문 누각에 올라 탄식하였다.

"아니 청나라 놈들은 귀신이란 말인가? 어찌 그리 빨리 한양 코앞에까지 이르렀단 말인가?"

"안 되겠소. 우선 전하를 남한산성으로 모시고 갔다가 적의 기색을 살펴 다시 강화도로 모시고 가도록 합시다."

신하들은 의견을 내놓았다. 남한산성도 강화도처럼 임금과 대신들이 나들이나 피난 때에 머무는 용도로 행궁을 지어 놓은 터였다.

"세자, 어서 여길 빠져나가자꾸나."

아버지의 눈은 어느새 눈물로 젖어 있었다.

"아바마마, 잠시 몸을 피하시고 대책을 논의하시옵소서!"

나는 애써 눈물을 감추며 말했다. 가마꾼들은 임금이 탄 가마인 어가를 돌려 다시 궁궐로 향했다. 궁은 이미 빈집처럼 썰렁했다. 수많은 신하들이 어디론가 뿔뿔이 도망을 갔고, 어둑서니 음산했다.

"어쩌다가 우리 조선이 이 지경까지 왔단 말인가? 이 모든 것은 다 나의 부덕함 때문이니라."

아버지의 눈에서는 뜨거운 눈물이 주르르 흘렀다.

"아바마마, 이럴 때일수록 정신을 차려야 하옵니다. 청나라가 아무리 강하다고는 하지만 우리 조선도 그동안 군비를 정비하고 군사들을 훈련시켰으니 곧 적을 물리칠 것이옵니다. 더군다나 남한산성을 지키고 있는 수어청은 그 어느 군사들보다 든든하오니 심려 마옵소서."

나는 어떻게든 아버지를 위로해 드리고 싶었다.

잠시 궁궐에서 쉬었던 일행은 다시 도성 동쪽의 수구문으로 나아갔다. 청나라가 압록강을 건넌 지 고작 며칠이었다. 하지만 길이 꽁꽁 얼어붙어 아버지를 태운 어가가 좀처럼 앞으로 나아가지를 못했다. 가마꾼들이 언 땅을 종종걸음으로 걸었지만 미끄러지기 일쑤였다. 하지만 더 안타까운 건 피난 행렬이 지나갈 때마다 울부짖는 백성들을 봐야만 하는 일이었다.

"상감마마, 저희들은 어찌하라고 궁을 버리시나이까?"

"제발 저희를 버리지 마옵소서!"

"저희는 청나라 군사의 말발굽에 짓밟혀 죽어도 괜찮다는 것입니까? 아이고, 상감마마! 저희도 데리고 가시어요!"

백성들은 땅을 치며 울고 또 울었다. 정묘호란 때 청나라

군사들의 잔인함을 겪을 만큼 겪은 백성들은 잔뜩 겁에 질려 있었다.

'아아, 어찌하여 아바마마께서 이런 수모를 당해야 한단 말인가! 척화파 대신들은 고작 이런 결과를 얻고자 청나라와 화친해서는 안 된다고 그리 목소리를 높였던 건가?'

차마 백성들의 울부짖음을 들을 수 없어 나는 머리를 감쌌다. 청나라가 압록강을 넘어 파죽지세로 몰려와 임금이 피난을 떠나는데도 그제야 목멱산에 청나라의 침입을 알리는 횃불인 봉수가 올랐으니 백성들의 분노는 하늘에 닿고도 남았다.

벌써 짐을 지고 어디론가 황급히 달아나는 백성들의 모습도 보였다. 늙은 부모를 간신히 부축하고 가는 사람, 올망졸망한 아이들을 안고, 업고, 손을 잡고 걸어가는 사람들, 거리는 온통 아수라장이었다.

나는 지난번 칠패 시장에서 두 번 다시 오랑캐에게 당하는 일은 없을 거라며 큰소리를 쳤던 일이 떠올라 쥐구멍에라도 들어가고 싶었다.

"미안하구나, 정말 미안하구나! 결국 이렇게 되었어."

나는 숯불을 뒤집어쓴 듯 얼굴이 뜨거웠다. 어가는 얼어붙은 살곶이 다리를 지나 송파 나루에서 강을 건너 잠실벌을 지나 광주목으로 나아갔다. 하지만 한겨울에 가마를 타고 남한산성 산길을 오르는 건 쉬운 일이 아니었다. 가마꾼들이 미끄러지고 자빠질 때마다 가마는 휘청거리고 금방이라도 산골짜기 아래로 고꾸라질 듯 위태위태하였다.

'아아, 연세 높으신 아버지께서 어찌 저걸 견디실까?'

나는 말에서 내려 걸어가는 내내 마음이 조마조마했다.

한밤중이 되어서야 어가는 남한산성에 닿았다. 남한산성 행궁은 궁궐에 비해 초라하고 보잘것없었고 미처 불도 피우지 못해 몸이 얼어붙을 만큼 추웠다. 나는 뜬눈으로 밤을 새며 아버지 곁을 지켰다.

이튿날 새벽 동이 틀 무렵, 어가 일행은 서문을 통해 다시 강화도로 길을 나섰다. 하지만 간밤에 하얗게 내린 눈으로 산길은 꽁꽁 얼어붙었고, 말고삐를 잡은 신하들도 도저히 한 발짝도 나아가지 못하고 미끄러지고 자빠졌다. 그 바람에 아버지는 걸어서 산을 내려가시느라 곤룡포가 땅에 질질 끌리고 미끄러지기 일쑤였다.

"안 되겠소. 다시 남한산성으로 돌아가 사태를 지켜보는 게 좋을 것 같소."

이 상태로 이동하는 것은 무리라는 의견이 잇달아 나왔고, 어가 일행은 다시 발길을 돌려 남한산성 행궁으로 돌아갔다. 고작 만 명 남짓 군사들이 남한산성을 지키고 있었다. 게다가 행궁에는 군대의 양식으로 사용할 쌀마저 부족하여 어가 일행과 군사들이 두 달도 먹을 수 없을 분량이었다.

아버지는 훈련대장 신경진, 어영대장 이서, 수어사 이시백, 어영부사 원두표 등에게 일러 남한산성의 사방을 굳건하게 지키도록 분부하셨지만 사실 언제 오랑캐가 남한산성까지 올지는 모를 일이었다.

"전국 팔도에 교서를 내려 도원수, 부원수 및 각 도의 감사, 병사로 하여금 왕실을 수호할 근왕병을 모으게 하고, 명나라에 군사 파병을 요청하도록 하라!"

아버지는 신하들과 의논하여 다급하게 명을 내렸다.

'식량이 바닥나기 전에 적을 물리쳐야만 할 텐데…….'

나는 근왕병들이 적과 맞서 싸워 이기기만을 간절히 빌었다. 하지만 근왕병들이 남한산성으로 오기도 전에 청의 군대가 먼저 몰려와 성을 포위하기 시작하였다. 마치 개미 떼처럼 보일 만큼 어마어마한 규모였다.

"대체 우리 군사들은 무엇을 하고 있단 말이냐?"

아버지는 탄식하셨다. 청군이 남한산성 근처에 진을 치고 포위망을 좁혀 오자 신하들은 목청을 돋우어 서로 책임을 따졌다.

"이게 다 화친을 반대해 온 척화파 때문에 생긴 일이니 당장 책임을 지시오!"

"우리가 원했던 건 전쟁이 아니었소! 우린 다만 조선이 오랑캐의 나라에게 허리를 굽히지 않고 자존심을 되찾자는 뜻이었소!"

척화파와 주화파는 남한산성에서도 서로 입씨름하기에 바빴다.

"지금 누가 옳다, 그르다 다툴 때인가? 당장 적을 물리칠 방도를 생각하도록 하라!"

아버지는 안타깝게 소리치셨다. 하지만 며칠 사이 아버지의 목소리는 이미 힘이 빠져 있었다. 용안은 홀쭉해졌고, 퀭한 두 눈은 산송장이나 다름없어 보였다.

아버지를 비롯하여 신하들 모두 날마다 근왕병이 남한산성으로 달려오고 있다는 소식을 기다렸지만 감감무소식이었다.

어영부사 원두표가 적군 몇 명을 죽인 것을 시작으로, 남쪽 문을 지키던 호위대장 구굉, 그리고 훈련대장 신경진 등이 기습적으로 청나라 군을 공격했지만 큰 성과는 없었다.

하지만 적군보다 더 무서운 건 추위와 굶주림이었다. 발가락 손가락이 얼어붙어 동상으로 조총이나 화살조차 쏠 수 없는 군사들이 늘어만 갔다. 정말이지 죽지 않을 만큼 나누어 주는 찬밥 한 덩이로 버텨 온 군사들은 배가 등가죽에 붙을 지경이었다.

"여보게, 가마니 한 장 더 없나? 바람이 숭숭 들어가는 이 얇은 무명 바지로는 도무지 견딜 수가 없네."

"발가락에 아무 감각이 없어. 어서 근왕병들이 와서 우리를 구해 주었으면!"

군사들은 가마니로 몸을 감싸며 간절히 바랐다. 하지만 애타는 바람과는 달리 들려오는 소식은 절망뿐이었다. 도원수, 부원수들이 간신히 근왕병을 모아 남한산성 쪽으로 달려왔지만 도처에 진을 치고 있는 적과 싸우다 패한 후 이리저리 흩어졌다는 소식만 들려왔다.

"이러한 때에 명나라 원병은 왜 이리 오지 않는 것이냐?"

아버지는 조바심을 내며 물었다.

"전하, 참으로 애통하옵니다. 명나라에서 사정상 작은 규

모의 군사를 보냈으나 그마저도 풍랑 때문에 다시 돌아갔다고 하옵니다!"

한 신하가 전령이 가져온 소식을 듣고 다급하게 달려와 울먹였다.

"아아, 하늘은 정령 우리 조선을 버리는 것인가?"

아버지는 하늘을 우러르며 애통함을 감추지 못하셨다. 남한산성의 사정은 점점 더 나빠지고 있었다. 먹을 것이 없게 되자 임금께 올리는 밥상인 수라상에 어느 날은 닭 다리 하나만 올리는 일도 있었다.

"내가 처음 산성에 들어왔을 때는 닭 우는 소리, 개 짖는 소리가 들리더니 이제는 그 소리조차 들을 수가 없구나. 앞으로는 내 밥상에 고기를 올리지 마라."

아버지는 슬픈 얼굴로 말씀하셨다.

"아바마마, 조금만 참으시면 좋은 날이 곧 올 것이옵니다!"

나는 가슴이 미어졌다.

오도 가도 못하는 길

　남한산성으로 온 지 여러 날이 지나고 새해가 가까워 오고 있었다. 혹독한 추위는 가실 줄 모르고 음산한 나날이 계속되었다. 청군이 산성 둘레를 에워싸고 있어서 근왕병들은 좀처럼 남한산성으로 접근을 하지 못했다. 그런 와중에 병자년이 저물고 정축년 새해가 찾아왔다.
　"전하, 지금 청의 황제가 군사 이십만을 이끌고 남한산성 근처 탄천에 와 있다는 소문이 파다하옵니다."
　신하들이 아버지께 아뢰었다.
　아버지는 어떻게든 전쟁을 끝내려는 생각으로 홍서봉, 김신국 등의 대신들을 적진으로 보냈다.

조선은 이미 우리와의 조약을 어겼다. 나는 더 이상 조선의 행위를 용서하지 않겠다. 군사를 이끌고 쳐들어갈 것이다! 그러니 너희 백성들이 편안히 살고자 한다면 감히 우리에게 창끝을 대려 하지 말라. 만약 거역한다면 도륙할 것이요, 따르는 자는 품을 것이며, 도망가는 자는 잡으러 갈 것이다. 하지만 어디에 있거나 우리 청나라로 오는 자는 조금도 탓하지 않고 따뜻하게 받아 줄 것이다.

청의 황제는 기다렸다는 듯 답서를 보내 엄포를 놓았다.
"아니 이건 강화를 맺자는 것이 아니라 완전히 항복을 하라는 것 아니오? 감히 이런 모욕적인 말을 하다니!"
척화파들은 분통을 터뜨렸다.
"아무리 분해도 지금은 싸울 때가 아닙니다. 청은 이제 예전의 후금이 아닙니다. 그들은 만주 몽골을 비롯해 북방 여러 지역을 손에 넣고 큰 나라가 되었습니다. 그러니 그들과 화친을 맺는 것만이 우리의 살길이오!"
주화파 대신들이 나서서 말했다.
"하지만 우리가 어찌 저들에게 몸을 굽힌단 말이오?"
"일단 폭풍우를 피하고서 대책을 논하자, 그 말입니다!"

청과 맞서 싸울 것인지, 항복할 것인지 끝없는 논쟁이 이어졌다. 척화파와 주화파의 끝나지 않을 다툼이었다. 그들이 싸우는 소리를 들으니 나는 가슴에서 불이 활활 일었다.

'참으로 답답하구나!'

나는 자리를 박차고 밖으로 나왔다. 며칠 후 뜻밖에도 남문 근처 암문을 통해 전령 하나가 몰래 들어왔다. 그 전령은 바로 달궁이 보내온 바람단의 젊은이 막새였다.

"그래, 적의 눈을 피해 오느라 얼마나 고생이 많았느냐?"

나는 막새가 가져온 서찰을 다급하게 펼쳐 들었다.

지금 한양은 온통 아수라장입니다.
회오리바람처럼 한양으로 들이닥친 청의 군대는 궁궐에 불을 지르고 집집마다 돌아다니며 약탈하고 아녀자들을 끌고 가는 바람에 온 도성이 울음바다입니다.
닭, 개, 거위, 토끼 등 짐승들을 다 쓸어 가서 도성에는 산 짐승이라고는 찾아볼 수 없을 지경입니다.
지금 장수와 저는 남한산성으로 진격하는 청나라 군대의 배후를 치고자, 바람단 정예 부대 수백을 이끌고 백토 고개에 모여 있습니다. 이번 정월 초닷샛날 공격할 계획이니 저하, 부디 성공을 빌어 주소서.

달궁 드림

"아아, 달궁이와 장수가 백토 고개까지 와 있었구나!"

나는 가슴이 두근거렸다. 백토 고개라면 한강 이남 송파에서 잠실로 이어지는 진터벌을 지나 오금골 뒤에 있는 고개로, 남한산성으로 오는 고갯길이었다.

"흑두야, 가만있으면 안 되겠다. 이쪽에서도 지원병을 보내 장수와 달궁이가 이끄는 부대에 힘을 보태야 한다."

나는 다급하게 말했다.

하지만 이미 적에 포위되어 있어서 많은 군사를 이끌고 나갈 수도 없는 일이었다. 나는 남한산성을 지키고 있는 수어사 이시백을 찾아갔다.

"나에게 날랜 군사 이십여 명만 내주시오! 훈련받은 젊은 이들이 정예 부대를 이루어 백토 고개에 와 있으니 군사들을 이끌고 나가 힘을 보태고 싶소."

"저하, 아니 되옵니다. 만약 저들의 손에 잡히기라도 하면 어찌하시렵니까? 소인이 군사를 이끌고 나가겠나이다."

이시백은 고개를 저었다. 하지만 나도 굽히지 않았다.

"내 나라가 이 지경이 되었는데 왕세자가 다 무엇이오? 나라가 있고 그다음에 세자도 있는 것이오. 더 이상 겁에 질린 채 여기 숨어 있을 수만은 없소! 칼을 들고 나가 저들과 싸워야겠다는 말이오!"

나는 이시백을 설득하여 군사를 얻어 냈다. 하지만 모든 것이 비밀이었다. 날이 어두워지기를 기다려 나는 군사를 이끌고 남한산성 서문을 나섰다. 칠흑 같은 어둠 속에서 나와 일행은 발소리를 죽인 채 백토 고개 쪽으로 나아갔다. 다행히 적군이 우리의 낌새를 눈치 채지 못했는지 조용했다.

"아니, 마마! 여길 어떻게……?"

장수와 달궁이가 내 모습을 보고 소스라쳐 놀랐다.

"함께 싸우세! 저들이 남한산성으로 가지 못하도록!"

나는 힘주어 말했다.

다음 날 아침, 마침내 청나라 군대가 남한산성 쪽으로 다가온다는 정보가 들려왔다. 바람단원 몇몇이 이미 적들이 지나갈 길에 구덩이를 파고 화약을 묻은 후 지푸라기와 흙을 덮어 놓은 뒤였다.

바람단과 우리 군사들은 숨을 죽인 채 길목에 매복하여 그들을 기다렸다. 마침내 둥둥 북소리, 꽹과리 소리와 함께 그들이 달려오는 소리가 들렸다. 말을 탄 군사, 그 뒤를 따르는 군사들은 어림잡아 수백 명에 이르렀다. 마침내 그들이 우리가 매복한 쪽으로 다가왔다.

"지금이다!"

장수가 손을 흔들자 숨겨 놓은 화약 더미 위로 바람단의 한 젊은 이가 불화살을 쏘았다. 불꽃이 일

며 화약이 펑펑 터지기 시작했다. 말을 타고 있던 적군들이 이리저리 마구 고꾸라졌다. 우리 군사들이 때를 놓치지 않고 화살을 마구 쏘아 댔다. 기습 공격에 놀란 적군은 미처 활을 꺼낼 겨를도 없이 픽픽 쓰러졌다.

나는 장수, 달궁과 함께 장도를 들고 달려 나갔다. 바람단 젊은이들과 군사들이 우리 뒤를 따라 불같이 달려왔다.

"한 놈도 살려 두지 마라!"

나는 고함을 지르며 적진 속으로 뛰어들었다. 그제야 정신을 차린 적군의 반격도 만만찮았다. 하지만 바람단 정예 부대는 펄펄 날며 창칼을 휘둘렀다. 바람단 정예 부대 단원들 중 수십 명의 젊은이들은 날아가는 참새도 가볍게 쏘아 맞히는 명궁수들이었다. 청나라 군사들이 여기저기에서 비명을 지르며 쓰러졌다. 견디다 못한 적군은 마침내 오던 길을 되짚어 마구 달아나기 시작하였다.

"와와!"

백토 고개에서의 전투는 조선의 완벽한 승리였다.

"이제 곧 저들이 구원병을 이끌고 올 것이다. 우리는 빨리 남한산성으로 돌아가야 한다. 장수, 달궁! 바람단을 이끌고서 피해라. 앞으로도 저들이 남한산성으로 올 테이니 배후에서 저들의 기세를 꺾어 주기 바란다!"

다급하게 당부한 나는 군사들을 이끌고 남한산성으로 돌아왔다. 그 후에도 바람단의 기습적인 공격으로 청나라 군인을 물리쳤다는 소식이 전해져 왔다. 하지만 그들의 힘만으로 이 거대한 전쟁이 끝날 수는 없는 일이었다. 다행히 그 무렵, 함경남도 병마절도사가 일만이 넘는 군사를 이끌고 광릉 가까이 다가오고 있다는 소식과, 함경북도 병마절도사도 곧 군사 수천을 거느리고 광릉으로 올 것이라는 반가운 소식이 날아들었다. 또한 전라도 병마절도사가 만여 명의 군사를 끌고 광교산에 머무르고 있으며 전라도 관찰사도 군사들을 거느리고 직산에 와 있다고 소식을 보내 왔다.

"아아, 이제 됐다! 그들이 힘을 합해 청나라 군대와 맞서 싸운다면 우리에게도 승산이 있다! 조금만 참자! 조금만 더!"

나는 뛸 듯이 기뻤다. 하지만 기쁨도 잠시였다. 조선의 군사들은 이십 만 군사에 이르는 청의 기세에 눌려 좀처럼 앞으로 나서지를 못했다. 하루하루 피를 말리는 날들이 지나갔다. 식량은 점점 더 줄어들어 남한산성 내 사람들은 낟알을 세어 가며 끼니를 이어 갈 지경이었다. 추위가 극심해서 군사들은 가마니를 뒤집어쓰고도 추위에 덜덜 떨며 손과 발이 동상에 걸려 죽어 가고 있었다. 차마 눈을 뜨고 볼 수 없는 지옥 같은 나날이 계속되었다.

그러는 중에 청나라 마부대와 용골대가 조선 사신 편에 편지를 보내왔다. 조선을 깔보는 내용이 담겨 있었다.

살고 싶으면 당장 산성에서 나와 항복하라. 항복하지 않고 싸우겠다면 어서 군대를 이끌고 나오라. 한번 싸워 보자!

청나라는 마치 우리에 갇힌 짐승을 놀리듯 조선의 국왕과 백성들을 농락하고 있었다.

이조 판서 최명길이 청나라 황제에게 보내는 조선의 답서를 썼다. 그것은 공손하게 화친을 청하는 내용으로, 황제의 노여움을 거두게 하기 위해 눈물을 머금고 쓴 것이었다.

산성에서 나오라는 것은 참으로 어진 말씀입니다.
하지만 산성이 겹겹이 포위되어 있는데다 지금 황제께서 몹시 노하고 계시기에 성 안에 있어도 죽고, 성 밖으로 나가도 죽을 일이옵니다.
황제의 덕이 하늘과 같으시니 저희 작은 나라를 불쌍히 여겨 용서하시리라 믿으며 간절한 마음으로 황제 폐하의 말씀을 기다리겠나이다.

"이렇게 해서 우리 조선이 살 수만 있다면 나는 열 번 백 번 청의 황제에게 아첨하는 글을 쓸 것이오."

주화파 최명길은 눈물을 흘리며 말했다.

"대감은 자존심도 없소? 어찌 우리 조선이 오랑캐 황제에게 이토록 입에 발린 아첨을 할 수 있단 말이오? 이건 아니

되오!"

척화파 예조 판서 김상헌이 노발대발 화를 내며 편지를 마구 찢었다. 하지만 최명길은 눈물을 뚝뚝 흘리며 찢어진 편지를 주워 모아 놓고 말했다.

"대감! 백성들이 고통받는 이 마당에, 이 편지가 청나라 황제의 마음을 움직일 수만 있다면 자존심이나 체면 따위가 중요하겠습니까? 그런 명분은 헌신짝처럼 벗어던져도 상관없소이다!"

보다 못한 병조 판서 이성구가 김상헌을 향해 화를 내며 쏘아붙였다.

"이 모든 것이 청나라와의 화친을 반대해 온 대감의 탓 아니오? 당장 청나라 황제를 찾아가 싹싹 빌고, 이 지겨운 전쟁을 끝내도록 앞장서시오!"

"그만! 그만들 하시오! 이 모두가 다 과인의 부덕이니 제발 그만들 하시오!"

아버지가 울분으로 호통치시자 행궁 안은 마침내 울음바다가 되었다.

그 후에도 청나라와 서신을 주고받으며 청나라 군대가 물러나기를 기다렸지만 적들은 바위처럼 꿈쩍 않고 성을 에워싼 채 조선이 백기를 들기만을 기다렸다.
 "아아, 항복을 할 수도, 그렇다고 나아가 싸울 수도 없으니 그야말로 진퇴양난이구나!"
 나는 하늘을 우러르며 가슴으로 울음을 삼켰다.

도르곤을 잡아라

하루하루 피를 말리는 나날이 지나갔다. 청나라 군대는 시도 때도 없이 홍이포를 펑펑 쏘아 대며 산성을 공격하였다. 수어사 이시백과 훈련대장 신경진이 병사를 이끌고 나아가 적군을 물리쳤지만 적은 꿈쩍도 하지 않았다. 그러던 어느 날 장수와 달궁이 편지 한 장을 들고 긴밀히 남한산성을 찾아왔다. 강화도에 피난해 있던 아우 봉림이 보낸 서찰이었다. 나는 다급하게 서찰을 펼쳤다.

형님!
참으로 안타깝고 안타까운 일입니다.

이곳 강화도는 이미 적군이 겹겹이 에워싸고 있어 함락당하기 직전입니다.

조선의 군사들은 다 어디로 가고 이 나라 이 땅에 청나라 군사들이 득실거리고 있는지요?

이제 강화도로 곧 적이 몰려올 것입니다. 지난 정묘년 때에는 배를 다루지 못해 강화도를 그냥 지나쳤던 그들이지만 이제는 뱃길마저 저들 손에 들어가고 말았습니다.

형님, 이제 우리 조선은 어디로 가야 하는지요? 참으로 애통하고 애통합니다. 부디, 아바마마와 형님의 옥체를 보존하시기 바랍니다.

아우 드림

"아아, 강화도마저 위험하다는 소리가 아닌가? 배를 다룰 줄 모르던 청나라가 어찌 배를 몰아 그리로 간단 말이냐?"

나는 소스라쳐 놀랐다. 강화도가 무너지면 남한산성에 있는 아버지와 우리들도 무사하지 못할 터였다.

'그야말로 조선의 종묘사직이 무너질 위기에 처하고 말았구나!'

나는 어찌해야 할 지 몰라 머리를 감싸 쥔 채 울부짖었다. 봉림에게 편지가 온 지 며칠 지나지 않아 강화도가 함락되었다는 소식이 날아들었다.

"저들이 우리에게서 빼앗은 배에 홍이포까지 싣고서 강화도로 쳐들어가서는 그곳에 피난 중이던 세자빈마마와 봉림대군을 비롯해 왕실 가족과 신하들 수백 명을 포로로 삼고 있다고 하옵니다!"

"어찌 저들이 바다를 건넜단 말인고?"

"아아, 이제 우리는 오도 가도 못하는 처지가 되었구나!"

아버지와 대신들은 왕실 가족과 역대 임금들의 위패가 모셔져 있는 강화도가 함락되었다는 소식에 땅이 꺼질 듯 애통해하였다.

"지난번 조선을 찾아왔던 도르곤 왕자가 청 황제를 도와 전쟁터마다 누빈 덕에 이제는 예친왕으로 불리며 강화도 함락에 앞장을 섰다 하옵니다. 그자는 전쟁이 일어나자 평안도, 황해도, 함경도 지역을 앞장서서 약탈하는 등 아주 포악하기 이를 데 없다는 소문이옵니다."

전령이 가져온 소식을 듣던 나는 소스라쳐 놀랐다.

"도르곤이? 그가 봉림이 있는 강화도 함락의 선봉자가 되었단 말이지?"

"그렇사옵니다. 어찌나 잔인한지 강화도에 있는 대군마마 일행을 다 죽이려 들었다 하옵니다. 그런데 강화도에 피난 중인 왕실 가족을 죽이지 말고 포로로 잡아들이라는 청 황제의 엄명 때문에 강화의 성을 겹겹이 에워싸며 마침내 함락시켰다고 하옵니다."

"저하! 지금 도르곤이 대군마마를 앞세워 남한산성으로 오고 있다 하옵니다."

"아아, 그자가!"

나는 도르곤에 대한 분노로 가슴이 찢어지는 듯 아팠다.

'그자는 나와 친구가 되자고 하였다. 그런데 친구의 나라를 이토록 유린할 수 있단 말인가? 가만둘 수 없다!'

나는 벌떡 일어나 흑두와 장수, 달궁이를 불렀다.

"지금부터 내가 하는 말을 잘 들어라. 나와 너희들은 오늘 밤 날랜 군사 몇 명을 데리고 몰래 성을 빠져나갈 것이다."

"저하, 어찌하시려고요?"

흑두가 놀라 물었다.

"우리에게도 청 황제와 협상할 미끼가 필요하다. 그게 바로 도르곤이다. 그는 청 황제에게 중요한 인재이니 우리가 도르곤을 사로잡기만 하면 순순히 군사를 물리칠 것이다."

"저하, 저들은 어마어마한 군사를 거느리고 있는데 우리 힘으로 과연 뜻을 이룰 수 있을까요?"

장수가 걱정스레 물었다.

"그렇다고 부딪쳐 보지도 않고 주저앉아 있으면 누가 우리 조선을 구해 주겠느냐?"

나는 조금도 흔들림 없는 목소리로 말했다.

"좋다!"

"우리가 앞장서자!"

달궁이도 힘주어 대답했다.

마침내 한 시각 뒤 나는 무사의 옷으로 갈아입고 장도를 꺼내 들었다.

'아바마마, 소자가 무능하여 이 나라와 아바마마를 보필하지 못했나이다. 이제 소자의 작은 힘이나마 이 나라를 위해 바치겠나이다!'

나는 아버지가 계시는 행궁을 바라보며 속으로 다짐했다. 그리곤 흑두와 달궁이, 장수, 그리고 날랜 군사 다섯을 데리고 용주봉 근처 암문을 통해 성 밖으로 빠져나갔다. 강화도를 나선 도르곤 일행이 김포를 지나 송파 나루까지 건넜다는 소식이 들려왔으니 그 길목을 막으려면 이번에도 백토 고개까지 가야만 했다.

얼어붙은 눈길을 산짐승처럼 달려가자 남한산을 삥 둘러 청나라 군대 막사들이 즐비하게 늘어서 있는 게 보였다. 이제 도르곤이 이끄는 군사들이 저들과 합해지면 그 수는 더 늘어날 것이 분명했다.

"도르곤, 기다려라! 네가 감히 이 나라 왕실과 종묘사직을 능멸하고도 살아남을 줄 알았느냐!"

나는 더욱 힘을 내어 산을 내려갔다. 어느새 날이 어두워 오고 있었다. 그때 고갯마루에 올라 사정을 살피던 흑두가 낮게 부르짖었다.

"저하! 저기 깃발을 앞세우고 걸어오는 무리들이 보입니다. 화려한 행렬을 보니 도르곤 일행이 분명하옵니다!"

대열을 갖추어 오고 있는 도르곤 일행은 기마병과 보병을 합해 족히 천여 명은 돼 보였다.

"그렇다면, 저기 저 무리 속에 내 아우의 일행이 있단 말이렷다! 저들은 봉림을 앞세워 우리 조선의 항복을 받아내려 할 것이다!"

나는 가슴속에서 뜨거운 분노가 일었다. 어떻게든 빨리

도르곤을 사로잡고 조선 왕실의 일행들을 구해야만 했다. 하지만 열 명 남짓한 우리 인원으로 천에 이르는 적을 상대하는 건 무리였다. 어떻게든 저들을 다른 방향으로 이끌어 낸 후 도르곤을 사로잡아야만 했다. 나는 장수와 달궁이, 흑두, 군사들을 모아 놓고 작전 회의를 하였다.

"이제 저들은 날이 저물면 근처 벌판에다 막사를 칠 것이다. 그때 장수 네가 막사 주변에다 화약을 설치한 후 터뜨리도록 하여라. 저들이 우왕좌왕하는 사이 달궁이 네가 길을 뚫도록 해라. 나와 흑두는 군사를 이끌고 적진으로 들어갈 것이다."

"저하, 그건 너무 위험한 일이옵니다. 저 혼자 적진 깊숙이 들어갈 터이니 저하는 뒤에 남아 계시옵소서!"

흑두가 앞을 막아서며 말렸다.

"아니다. 전쟁이 발발하고 벌써 며칠이 지났더냐? 이제 더는 머뭇거릴 시간이 없다!"

나는 어느새 용맹한 장수가 되어 용기가 솟아났다.

우리의 예상대로, 저녁이 되자 도르곤 일행이 벌판에다 막사를 치는 게 보였다. 청의 군사들은 밥을 짓느라 불을 피우는 등 분주한 모습이었다.

　고갯마루에 올라 살펴보니 그중 제일 크고 화려한 막사가 보였다.
　'저기가 분명 도르곤의 막사일 것이다. 틀림없이 봉림도 그 근처에 있을 것이다.'
　마침내 한 치 앞도 보이지 않을 만큼 날이 캄캄해졌다. 화약을 지닌 우리 장수가 군사들을 데리고 막사 가까이 다가갔다. 장수는 전문가답게 빈틈없이 화약을 설치하였다.
　나와 나머지 일행은 화약이 터지기만을 숨죽여 기다렸다.

그리고 마침내 캄캄한 어둠 속에서 요란한 폭죽 소리와 함께 화약이 불꽃을 내며 여기저기 펑펑 터지기 시작했다. 예상대로 청의 군사들이 고함을 지르며 화약이 터지는 쪽으로 달려가는 게 보였다.

"이때다!"

달궁이가 두 명의 군사와 함께 막사 근처로 가까이 다가갔다. 장수는 이번에는 반대쪽으로 달려가 막사 쪽에 불을 놓았다.

"앗, 저, 저쪽 막사에도 불이 났다!"

적들은 마치 벌 떼처럼 왕왕거리며 왔다 갔다 불을 끄려고 뛰어다녔다.

"자, 이제 가자!"

나는 장도를 빼들고는 청군 진영으로 달려갔다. 어느새 흑두가 나보다 앞장서서 달려가는 게 보였다. 그때였다.

"저기다! 저기 조선 놈들이 쳐들어왔다!"

낌새를 눈치 챈 적들이 고함을 지르며 우리를 향해 달려왔다. 나는 저만치 눈앞에 보이는 도르곤의 막사를 향해 곤두박질치듯 달려갔다. 막사 앞을 가로막은 적군을 바람처럼 베어 가며 흑두와 내가 막사 안으로 들어섰을 때였다. 놀라운 광경이 눈앞에 펼쳐졌다.

"으하하! 이게 누구인가? 나의 친구, 조선의 왕세자 아닌가? 오랜만일세, 친구!"

어느 틈에 밖의 낌새를 눈치 챈 도르곤이 봉림을 붙잡아 아우의 목에 칼을 겨눈 채 느물느물 웃고 있었다.

"으윽! 도, 도르곤, 네가 감히 내 아우를……!"

나는 온몸을 부르르 떨었다.

"친구, 이제 우리의 협상은 끝났네! 어차피 조선은 우리를 이기지 못한다. 독 안에 든 쥐처럼 산성에 갇혀 부들부들 떨고 있는 너희가 무얼 할 수 있단 말인가?"

"뭐라? 도, 독안에 든 쥐? 네가 감히 조선을 능멸하고도 살아남을 줄 알았더냐?"

나는 칼을 든 채 소리쳤다.

"하하, 친구! 벗의 의리를 생각하여 오늘밤 자네가 벌인 일을 눈감아 줄 것이다. 그러니 어서 조용히 돌아가라. 만약 더 버티다가 이 사실이 우리 황제에게 알려지면 너는 물론 네 동생의 목숨마저 건질 수 없을 것이다!"

도르곤은 나를 향해 잔뜩 비웃으며 말했다.

"무엄하구나! 네가 어찌 우리 조선의 국왕을 모욕하는 것

이냐? 당장 나와 나의 칼을 받아라! 오늘 나는 내 나라 조선을 위해 목숨을 바칠 각오로 왔다!"

나는 칼을 더욱 높이 치켜들며 소리쳤다. 곁에 서 있던 청군 장수들이 눈 깜짝할 사이에 칼을 빼들고 나를 에워쌌다.

"형님! 고정하소서. 저는 괜찮습니다! 어서 칼을 거두세요. 산성으로 돌아가 내일을 기약하셔야 합니다. 저는 이들이 협상을 위해 붙잡아 둔 볼모입니다. 그러니 저를 함부로 죽이지도 못할 것입니다. 어서, 이 나라 왕세자이신 형님의 몸부터 돌보십시오!"

아우가 눈물을 흘리며 다급하게 애원하였다.

"아아……."

나는 피눈물을 삼키며 칼을 다시 칼집에 넣었다.

도르곤이 아우의 목에 칼날을 대고 있는 이상 내가 할 수 있는 일은 아무것도 없었다.

"눈앞에 적을 두고도 그냥 돌아가야 하다니! 하지만 도르곤, 잊지 말아라. 반드시 오늘의 치욕을 갚아 줄 것이다!"

나는 피눈물을 흘리며 도르곤의 막사를 나왔다.

"모든 것이 저희의 잘못입니다, 흑흑!"

장수와 달궁이가 무릎을 꿇고 주먹으로 땅바닥을 내리치

며 울었다.

"울지 마라, 울지 마. 울면 저들에게 지는 것이다. 어서 돌아가자. 돌아가서 우리가 더 큰 힘을 길러야 저들을 이길 수 있다. 가자, 어서 돌아가자!"

나는 간신히 울음을 삭이며 그들을 다독였다.

아, 오랑캐에게 절하다

강화도가 함락된 후 남한산성의 사기는 눈에 띄게 꺾여 버렸다.

"살아서 여길 빠져나갈 길은 이제 정녕 없단 말인가? 청나라 황제에게 기어이 두 손 들고 항복하는 것만이 우리 조선의 살길이란 말인가? 아아, 나의 부덕으로 이 나라가 큰 치욕을 당하게 되었구나!"

아버지는 뜨거운 눈물을 철철 흘리셨다.

"전하, 망극하옵니다!"

"이 모든 것이 척화파 때문에 생긴 일이오니 저들을 즉시 처단하소서!"

신하들이 눈물을 흘리며 소리쳤다.

"지금 누구의 잘잘못을 따질 때이옵니까? 어떻게든 이 난국을 헤쳐 갈 지혜를 모아야만 합니다!"

나는 대신들을 보며 안타깝게 외쳤다.

"이제 움치고 뛸 수조차 없도다. 적군이 사방팔방 에워싸고 있으니 우리는 독 안에 든 쥐와 같다. 구원병이 와서 구해 주기 바랐지만 이미 청나라 군사들이 몰려와 있으니 그 누가 어찌 우리를 구할 수 있겠는가? 이곳의 식량은 이제 거의 바닥이 났고, 허기에 지친 군사들은 말라비틀어진 말까지 잡아먹으며 하루하루를 버티고 있으며, 추위에 얼어 죽는 수가 점점 늘어나는 판이다. 어찌 우리가 더 버틸 수 있으리오? 아아, 우리가 모두 죽어 이 나라 종묘사직이 오늘로 끝나는 걸 볼 수는 없느니라. 오늘 비록 과인이 적에게 항복을 하더라도 살아서 훗날을 기약하는 길을 택하고자 한다. 대신들은 어서 저들에게 나의 뜻을 전하라!"

아버지가 눈물을 흘리며 명했다.

"전하, 오랑캐에게 항복이라니요? 아니 되옵니다! 어떻게든 살길을 찾아야 하옵니다!"

예조 판서 김상헌이 목을 놓아 울었다.

"그럼, 예조 판서는 별다른 방법이 있단 말이오?"

반대쪽에서 대신 한 사람이 송곳처럼 날카롭게 물었다.

"제가 청나라 황제를 만나 보겠습니다. 만나서 담판을 지어 보겠습니다!"

김상헌은 두 주먹을 불끈 쥐고 말했다. 그 모습을 보던 나는 울화가 치밀었다.

"대감, 대감은 어찌하여 하나만 알고 둘은 모르시오? 대감이 그토록 우러러 섬기던 명나라는 우리가 이토록 위급함에 빠졌는데도 군사 하나 일으켜 주지 않고 있소. 어찌하여 명나라에서는 우리를 먼 산 보듯 하며 조선과 맺은 의리를 이토록 헌신짝처럼 저버리고 있단 말이오? 대감이 그토록 숭상해 마지않던 명나라도 머잖아 청나라 말발굽에 짓밟힐 것이라는 것을 대감은 정녕 내다볼 줄 모르시오?"

"저하, 그것은 오해이옵니다!"

김상헌이 울부짖었다.

"쯧쯧, 이미 너무 늦었소이다! 진작 청나라와의 화친을 도모했더라면 오늘 같은 일은 없었을 게 아니오?"

대신들이 입을 모아 한탄하였다.

마침내 이조 판서 최명길과 호조 판서 김신국 등 신하들이 청나라에 항복을 하겠다는 아버지의 서신을 받아 들고 청나라 군대의 진지로 떠났다. 서신의 내용은 너무나도 비굴하고 초라했다. 우리 대신들의 발걸음은 천근만근 무겁기만 했다.

황제 폐하!
폐하의 바다처럼 넓디넓은 은혜를 몰라보고 신이 큰 잘못을 저질렀나이다.
폐하께서 곧 황국으로 귀국하신다는 말을 듣고 빨리 성 밖으로 나가 폐하의 얼굴을 우러르고자 이렇게 서신을 보내옵니다.
이제 신은 삼백여 년을 이어 온 이 나라와 백성들을 폐하께 맡기고자 하오니 부디 보살펴 주시옵소서.

"아아, 우리가 이렇게 오랑캐에게 무릎을 꿇다니!"
김상헌은 높은 곳에 목을 매달며 죽으려고 하였다. 신하들이 달려들어 목에 맨 것을 풀자 이번에는 다시 또 허리띠로 목을 매려 하였다.
청나라를 우습게 여기던 척화파 대신들 여럿이 그와 같이 목숨을 끊으려 하였다.

  그날 밤 날이 캄캄해져서야 용골대와 마부대가 항복 조건이 적힌 청나라 황제의 답장을 가지고 왔다.

너희의 모든 죄를 용서한다. 이제부터 조선은 청나라에 신하의 예를 행함으로써 양국은 영원히 믿음과 의리를 지킬 것이다. 명나라와의 국교를 당장 끊고 명나라 연호를 버릴 것이며 청나라 연호를 쓰도록 하라.
또한 왕세자와 봉림 대군을 인질로 보낼 것이며, 벼슬이 높은 신하들의 자식들도 인질로 함께 보내도록 하라.
또한 우리가 명나라를 치러 갈 때에 군사를 요청하면 약속한 날짜에 반드시 군사를 보내도록 하라.
또한 정월 초하루와 동짓달, 황제와 태자의 생일, 그 밖에 경사할 일이 있을 때는 진심 어린 글을 지어 바치고, 청에서 사신을 보내면 명나라 사신을 대하듯 똑같은 대접을 해야 한다.
우리가 청으로 돌아가며 데려가는 포로가 혹시 도망쳐 돌아오면 잡아서 다시 보내고, 만약 포로를 돌려받고 싶다면 포로의 주인과 흥정을 하여 값을 치르도록 하라.

"뭐라? 세자마마와 대군마마를 인질로 데려간다고?"

신하들은 날벼락이라도 떨어진 듯 놀라서 펄쩍 뛰었다.

"이미 수많은 백성들이 포로로 잡혀간 판인데, 이 나라 왕조의 대를 이을 세자마마와 대군마마를 잡아가다니, 너무 잔인하지 않소?"

"그럼 우리가 그걸 막을 방법이라도 있다는 말이오?"

여기저기서 탄식이 터져 나왔다.

"아니오! 저들이 원하는 대로 왕세자인 내가 직접 가겠소. 이 땅의 수많은 백성들이 포로가 되어 끌려가고 있는데 어찌 나 혼자 궁에서 호의호식할 수 있단 말이오? 하지만 차남인 봉림 대군까지 끌려가는 것만큼은 어떻게든 막아야 하오. 모든 건 내가 짊어지고 가겠소!"

나는 탄식하는 대신들을 보며 굳은 목소리로 말했다. 그것은 나의 진심이었다. 죄 없는 백성들이 머나먼 청나라로 끌려가는데 나 혼자 빠져나갈 수는 없었다. 청에서 원하는 것은 바로 왕세자인 나였다. 그러나 내 뜻과 달리 청에서는 차자인 봉림 대군도 함께 데려가야 한다고 강력하게 주장하고 나섰다. 이제 우리가 할 수 있는 일은 아무것도 없었다. 그들은 아예 대놓고 조선 조정에서 해마다 청에 바칠 조공

품의 목록까지 보내왔다.

황금 백만 냥, 은 천 냥, 표범 가죽 백 장, 수달 가죽 사백 장, 날다람쥐 가죽 이백 장, 후추 열 말, 큰 종이 일천 두루마리, 작은 종이 천오백 두루마리, 종이 코뿔소 장식이 있는 활 이백 개, 환도 스무 자루, 그 외에 용무늬, 꽃무늬 돗자리를 비롯하여 삼베, 명주, 쌀, …….

청에서 요구하는 조공품의 수는 어마어마했고, 그 양을 헤아릴 수도 없었다. 남한산성에서는 날마다 울음소리가 그치지 않았다.
 "전하, 그들이 원하는 날짜가 이틀 후로 다가왔습니다. 그날 전하와 세자마마께서는 용포 대신 푸른 옷을 입고 성 밖으로 나가셔야 하옵니다."
 최명길이 눈물로 아뢰었다. 아버지와 나는 죄인의 의미로 푸른 옷을 입고 청나라 황제 앞에 나아가야만 했다.
 "그리하여라."
 아버지는 모든 것을 체념한 듯 일렀다.
 그리고 마침내 그날이 왔다.

정월 그믐을 하루 남긴 날, 청나라가 그토록 원했던 새벽이 드디어 밝아 왔다. 아버지와 나는 푸른 옷을 입고 행궁을 나왔다. 청나라 황제가 있는 한강 동쪽 삼전도로 가기 위해서였다.

"전하, 전하!"

"전하, 망극하옵나이다!"

아버지와 내가 서문을 향해 걸어가자 온 나라의 신하와 산성 안의 백성들이 달려 나와 언 땅에 엎드려 목을 놓아 울었다.

아버지와 나는 그저 묵묵히 얼어붙은 비탈길을 내려갔다. 가마도 화려한 행장도 없이 떠나는 길이었다. 한 달 남짓, 짐승처럼 갇혀 있었던 산성을 나서며 아버지와 나, 그리고 신하들은 서럽게 울었다.

앞서가던 아버지를 시종들이 붙잡았으나 몇 번이나 비틀거리며 미끄러지셨다.

"아바마마, 소자의 등에 업히시옵소서!"

나는 아버지 앞에 달려가 등을 내밀었다. 그러자 힘센 신하 하나가 얼른 달려와 아버지를 업었다. 신하의 등에 업힌 아버지도 아버지를 업은 신하도, 그 뒤를 따르는 나와 신하들도 모두 눈물바다였다.

'아아, 정녕 이렇게 항복해야 한단 말인가? 우리가 그토록 얕잡아 보던 저 오랑캐들 앞에서 아버지가 무릎을 꿇어야 하는가? 아아, 내가 못나서이다! 왕세자인 내가 더욱 현명했어야만 했다!'

뜨거운 눈물이 하염없이 흘러내렸다. 눈물이 얼어붙어 뺨이 갈라지고 찢어지는 것 같았지만 그런 고통 따윈 아무렇지도 않았다.

한참을 걷고 또 걸어가자 멀리 청나라 황제가 앉아 있는 높은 단이 보였다. 그들은 어느새 송파 나루 삼전도 남쪽에 항복의 예를 받을 수항단을 만들어 두었다. 황제가 앉은 자리에는 황금빛 장막과 햇빛 가리개를 쳐 놓았다. 높고 높은 수항단 위에 화려한 옷으로 치장한 청나라 황제가 거만하게 앉아 우리 일행을 내려다보았다. 그 옆으로 잔뜩 의기양양해진 청나라 왕자들과 도르곤의 모습이 보였다.

"아바마마! 형님!"

미리 와 있던 봉림과 어린 아우 인평, 그리고 조선의 대신들이 아버지와 나를 보자 통곡하며 달려 나왔다.

"아아, 형님! 정녕 이 길뿐이옵니까? 흐흑……."

봉림은 내 소맷자락을 붙잡고 통곡하였다.
"그래, 아우야. 미안하구나, 미안하구나!"
뜨거운 눈물이 솟구쳤다. 하지만 지금은 마냥 울고 있을 때가 아니었다.
"조선의 임금은 어서 나와 황제 폐하께 항복의 예를 올리도록 하라!"
청나라 대신이 저승사자처럼 무섭게 외쳤다.
청나라 황제는 거드름을 피우며 우리를 내려다보았다.
아버지는 고개를 조아린 채 수항단 맨 아래에 무릎을 꿇고 엎드렸다.
그때였다. 우리 신하 한 사람이 다급히 말했다.
"전하, 땅이 젖었으니 돗자리를 깔겠나이다!"
"아니다. 황제 앞에서 어찌 나를 높이겠느냐? 그만두어라."
아버지는 돗자리를 마다하셨다.
"청나라 황제께 절을 올리겠나이다!"
아버지는 얼어붙은 맨땅에 꿇어 엎드려 청나라 황제에게 고했다.
"조선의 임금은 어서 황제에게 바치는 항복의 예를 올리

도록 하라!"

청나라 대신이 또다시 소리 높여 명령했다.

마침내 아버지는 얼어붙은 맨땅에서 청나라 황제를 향해 절을 시작하셨다. 세 번 절하고 땅에 머리를 아홉 번 조아리는 것이 오랑캐들의 인사 예법인 삼배구고두례였다. 조선이 오랑캐라고 그리도 업신여기던 청나라의 신하가 되었다는 것을 온 세상에 알리는 의식이었다.

"전하, 전하!"

아버지가 무릎 꿇고 절을 하며 머리를 땅에 찧을 때마다 신하들은 삼전도가 떠나갈 듯 통곡하였다. 그 순간만큼은 척화파, 주화파 나뉠 것도 없이 모두가 애간장이 끊어질 듯 흐느껴 울었다.

'아아, 나는 울지 않을 것이다! 두고 봐라! 내 두 눈 똑똑히 뜨고 이걸 지켜보았다. 언젠가 이 치욕을 되갚아 주리라!'

나는 피가 나는 줄도 모른 채 입술을 깨물었다. 길고 길었던 항복 의식이 끝나자 청나라는 큰 잔치를 베풀었다. 청나라 황제와 왕자들이 자리에 앉고 아버지와 나, 아우들, 그리고 조선 대신들이 그 아래에 앉았다. 술과 안주가 차려지고 흥겨운 군악이 울려 퍼졌다.

"형님, 저는 저들이 주는 이 술과 음식을 들 수가 없습니다! 이런 치욕을 당하느니 차라리 이 자리에서 혀를 깨물고 죽는 게 낫겠습니다!"

봉림이 눈물을 흘리며 부르짖었다.

"아우야, 죽는 건 쉬운 일이다. 오히려 살아남아 견디는 것이 더 어려운 일이다. 이제 조선의 운명은 나와 너에게 달려 있다. 너와 내가 두 눈 똑똑히 뜨고 저들의 모습을 지켜보았다가, 언젠가 고스란히 이 치욕을 되갚아야 한다!"

나는 뜨거운 눈물을 흘리며 말했다.

눈물의 잔치, 치욕의 잔치는 끝도 없이 이어졌다. 그때 도르곤이 내 앞으로 다가와 술잔에 술을 따랐다.

"이제 너는 나와 함께 심양으로 가야 한다. 우리는 이제부터 진정한 친구가 될 것이다. 내 술을 받아라, 친구!"

나는 울어서 빨개진 눈으로 도르곤을 쏘아보았다. 나는 도르곤이 따른 술을 주르르 쏟으며 말했다.

"우린 이제 친구가 아니다. 그러니 이 술은 받지 않겠다."

"으하하! 역시 도도한 조선의 왕세자로군!"

도르곤은 호탕하게 웃다가 제자리로 휙 돌아갔다.

잔치가 끝나고도 아버지는 한참이나 죄인처럼 황제의 명령을 기다리고 있어야만 했다. 삼전도에 불어닥친 칼바람이 얇은 옷 속으로 파고들어 아버지는 덜덜 떨고 계셨다. 그걸 바라보는 내 마음에도 칼바람이 몰아닥쳤다. 팔을 벌려 아버지를 안아 드리고 싶었지만 적들에게 아버지의 나약함을 보여 주기 싫어 애써 참았다.

한참 후 조선 침략에 앞장섰던 용골대가 황제의 명령을 전했다.

"이제 돌아가도 좋소!"

아버지는 높고 높은 수항단에 앉은 황제를 향하여 엎드려 절하셨다. 휘청휘청 쓰러질 듯한 몸을 이끌고 아버지는 비로소 환궁길에 올랐다. 황금 구장복에 면류관은커녕 진흙투

성이 푸른 옷을 입은 채 죄인처럼 떠나시는 길이었다.

"아바마마, 부디 옥체를 보존하소서!"

나는 아버지께서 올라타신 가마를 향해 머리를 조아려 절하였다.

끌려가는 왕세자

 이틀 후 황제가 청나라로 돌아가기 위해 길을 떠났다. 황금색 가마와 화려한 휘장이 그의 앞뒤와 옆으로 늘어섰다. 신하와 군사들이 말을 타고 북소리, 뿔피리 소리를 울리며 떠나는 화려하고도 호화스러운 행렬이었다.
 황제는 돌아가는 길에 또다시 으름장을 놓았다.
 "끌려가는 조선 포로들 가운데 압록강을 건너기 전에 도망치는 자는 불문에 부친다. 하지만 압록강을 건너 단 한 발짝이라도 청나라 땅을 밟은 뒤에 도망쳐 오는 포로는 조선 조정에서 잡아 도로 돌려보내야 한다."
 그야말로 무시무시한 엄포였다. 청나라 영토는 날이 갈수록 늘어나는데 그 땅을 경작할 사람이 부족하자 눈에 불을 켜고 조선인 포로를 잡아들이려는 것이었다.

"우리나라로 돌아가면 조선 포로들을 노예 시장에서 값비싸게 팔아넘길 수 있으니 그 어떤 금은보화보다 보물이지 보물!"

청의 군사들은 포로들을 굴비 엮듯 엮어서 끌고 갔다. 나와 아우, 그리고 수많은 조선인들이 그 뒤를 따라 볼모 신세로 심양으로 끌려가야만 했다. 내 나이 스물다섯, 봉림의 나이 이제 열아홉이었다. 나와 일행들을 데려갈 책임자는 바로 도르곤이었다.

삼전도 나루터에서는 홍이포며 무기들 그리고 조선에서 약탈한 물품들을 나룻배와 뗏목에 실어 보내느라 청의 군사들이 야단법석이었다. 청나라가 명나라를 치려면 없어서는 안 될 물자들이었다.

"심양으로 떠나기 전에 전하께 하직 인사를 올려야겠다."

멀고도 먼 길, 언제 돌아올지 모를 아득한 길을 떠나기 전에 나는 아버지를 뵙고 싶었다.

도성 안으로 들어서자 나는 차마 눈을 뜰 수가 없었다. 거리마다 죽어 나자빠진 시신들, 적군이 휩쓸고 지나간 자리마다 허물어지고 불에 탄 집들이 즐비했다. 청나라로 끌려 갔거나 이미 죽었을 아비어미를 찾으며 아이들이 길바닥에 앉아 울고 있었다.

'아, 미안하구나, 참으로 미안하구나!'

나는 눈을 뜨고 바라보는 것만으로도 가슴이 찢어질 듯 아팠다.

'그래, 내 두 눈으로 똑똑히 보아 두리라! 그리하여 언젠가 내가 보위에 오르면 이 나라 백성들이 더 이상 울지 않아도 되는 나라, 더 이상 다른 나라의 침략을 받지 않는 나라로 만들 것이다!'

나는 다짐하고 또 다짐하였다.

창경궁으로 들어선 나는 다시 한 번 놀랐다. 궁궐 여기저기 전각이 불에 탔고, 문짝이 부서졌으며, 가구며 재물을 약탈당하여 흉가처럼 보였다. 환궁 후 양화당에 머물고 계시던 아버지는 수척하게 야윈 모습으로 나와 아우를 반겨 주셨다.

"세자, 대군! 너희들이 왔구나, 너희들이 왔어!"

"아바마마, 하직 인사를 올리러 왔사옵니다."

나와 아우는 아버지께 절을 했다.

"아아, 내 잘못으로 너희가 볼모가 되어 떠나는구나! 부디 매사에 힘써 행하되 격노하지 말고, 또 처신을 가벼이 하지 말거라."

아버지는 눈물로 일러 주셨다. 우리가 아무리 말려도 아버지는 심양으로 떠나는 일행을 배웅하려 기어이 서오릉까지 따라오셨다.

"세자는 추운 것을 잘 견디지 못하니 부디 온돌방에서 자도록 해 주게."

아버지는 청나라 관리에게 신신당부하셨다.

"아바마마, 저희 걱정은 마시고 부디 만수무강하소서!"

나는 아버지께 큰절을 올렸다.

"저하, 망극하옵니다!"

"대군마마, 부디 강건하소서!"

나와 봉림이 말에 오르자 신하들이 말고삐를 잡고 울부짖었다.

"어허, 이제 가야 할 시간이오!"

나를 끌고 온 용골대와 마부대를 대신하여 역관 정명수가 눈썹을 찡그리며 재촉하였다. 정명수가 언제부터인가 청나라의 편에 찰싹 붙어서 조선 대신들을 우습게 여기고 우리 백성들을 괴롭히고 있다는 것을 나는 잘 알고 있었다.

'저런 형편없는 자에게 모욕을 당하다니!'

나는 헛웃음이 나왔다. 하지만 이제는 정말 가야만 했다. 나는 말을 타고 북쪽을 향해 한 걸음 한 걸음 무거운 걸음을 내딛었다.

나와 세자빈, 아우 내외, 심양에서 우리와 함께 지낼 대신들, 세자익위사 군사들까지 모두 이백여 명에 이르는 행렬이었다. 하지만 그 길을 따라 앞서거니 뒤서거니 끌려가는 포로들이 수천 명이었다. 이미 먼저 끌려간 조선 포로들까지 합하면 그 수는 오륙십만 명에 이르렀다.

"아아, 이제 가면 언제 오려나?"

"잘 있으시오, 부디 잘 있으시오!"

포로들을 배웅하러 나온 가족들의 애끊는 울음소리가 온 사방에 가득하였다. 끌려가는 사람들도 남은 사람들도 모두가 눈물바다였다.

"어서 가자!"

도르곤이 앞장서고 그 뒤로 끝없는 수레 행렬이 뒤따랐다. 조선에서 약탈한 헤아릴 수 없는 금은보화가 가득가득 실려 있었다. 용골대가 이끄는 수레도 마찬가지였다.

'저들이 이끄는 수레에 우리 백성들의 슬픔과 원한이 가득 실려 있구나.'

나는 분하고 원통한 마음으로 터덜터덜 북으로, 북으로 걸어갔다.

"저하, 괜찮으신지요?"

장수와 달궁이가 내 곁을 지키며 물었다.

"머나먼 길에 너희가 길동무가 되어 주니 참 고맙구나. 청나라에 가서도 너희는 내게 큰 힘이 될 것이다."

나는 그들을 보며 위안을 얻었다. 청나라에서 무슨 일을 겪게 되더라도 나와 함께 할 수 있는 동무가 있다는 생각 때문이었다.

북으로 향하던 어느 날이었다. 개성 근처 한적한 농가에서 잠을 청하는데, 어디선가 고함 소리가 들려왔다. 앞서가던 포로들을 인솔하던 청나라 관리의 목소리였다.

"잡아라! 포로가 도망간다, 어서 잡아라!"

군사들이 고함을 지르며 어디론가 마구 달려갔다. 압록강을 건너기 전에 도망가는 포로는 그 이유를 묻지 않겠다는 청나라 황제의 말을 기억한 조선 포로들이 목숨을 걸고 도

망을 친 것이었다.

'그래, 압록강을 건너기 전에 어서 다 도망가거라. 다만, 제발 붙잡히지 말거라!'

나는 속으로 간절히 빌었다. 하지만 내 기대와 달리 어둠 속에서 포로들이 울부짖는 소리가 들려왔다. 도망가다 잡혀 온 포로들은 발뒤꿈치의 힘줄이 잘리는 벌을 받고 고통에 겨워 소리를 질러 댔다.

'아아, 저들이 벌을 받는 모양이구나!'

나는 가슴이 찢어지도록 아팠다. 다음 날, 그다음 날도 지나가는 길마다 발꿈치를 싸매고 절룩절룩 걸어가는 포로들이 보였다. 하지만 얼마 지나지 않아 그들 중 많은 이들이 길에 쓰러져 죽었다. 참혹한 형벌로 상처가 덧났고, 살아야 할 의지마저 잃어버린 탓이었다. 겁에 질린 포로들은 더 이상 도망갈 엄두도 내지 못하고 하염없이 찬바람 속을 걸어갔다. 그날 밤, 나는 은밀하게 장수와 달궁을 불렀다.

"이제 며칠 후면 압록강에 닿을 것이다. 바람단에 단단히 연통을 해 놓았겠지?"

"물론입니다. 지금쯤 저희의 뒤를 은밀하게 따르고 있을 것입니다."

"기회는 지금뿐이네. 압록강을 건너기 전에 도망간 포로들에 대해서는 죄를 묻지 않겠다고 했으니 이때를 노려야 하네."

장수와 달궁이가 힘주어 말했다. 사실 한양을 떠나기 전부터 나는 장수와 달궁에게 일러 포로들을 탈출시킬 계획을 세워 두었다. 하지만 그 사실이 들통나면 우린 끝장이었다. 쥐도 새도 모르게 해야만 했다.

어느덧 일행은 평양을 지나 의주에 닿았다. 이제 내일이면 조선과 청나라의 국경인 압록강을 건너가게 될 것이 분명했다. 포로들은 두고 온 고향과 가족, 그리고 청나라에 대한 두려움으로 한숨도 자지 못하고 떨며 슬피 울었다.

마침내 다음 날 아침이 되자 일행은 서둘러 길을 떠났다. 이제 조금만 가면 압록강이었다. 청나라 군사들도 전쟁을 끝내게 되었다는 안도감 때문인지 한껏 들떠서 웃으며 떠들어 댔다.

"으하하, 조선의 왕자들을 끌고 가는 길이니 황제께서 특별히 상을 주시겠지!"

"암, 어쩌면 아리따운 조선 처녀를 상으로 주실지도 모르겠구먼!"

청나라 군사들은 마주보며 히죽히죽 웃었다.

그때였다. 나는 흑두와 장수, 달궁이를 불러 미리 일러둔 대로 말했다.

"지금이다!"

"네, 저하!"

장수, 달궁이, 흑두가 잽싸게 포로들 쪽으로 가는 것을 보며 나는 얼른 작전에 들어갔다.

"아이고, 아이고! 나 죽겠구나, 나 죽겠어!"

나는 마당을 데굴데굴 구르며 큰 소리로 외쳤다.

"무, 무슨 소란이냐?"

도르곤이 깜짝 놀라 물었다.

"저희 세자마마께서 갑자기 배가 아프다며 이렇게 고통스러워하시니 무슨 일인지 모르겠습니다. 어서 의원을 불러야 합니다!"

나의 계획을 알고 있던 봉림이 다가와 다급하게 외쳤다. 나는 고래고래 소리를 지르며 땅바닥을 기어 다녔다. 아무것도 모르는 세자빈도 하얗게 질려 발을 동동 굴렀다.

그러자 더 놀란 것은 청나라 쪽이었다. 만약 조선의 왕세자에게 무슨 일이 생겼다가는 황제에게 상은커녕 무서운 벌을 받을 것이 뻔했다.

"어서, 조선의 왕세자를 살려야 한다! 의원을 데려오라!"

당황한 도르곤이 크게 소리를 질렀다. 군사들을 돌보는 의원이 허겁지겁 찾아와 진맥을 하는 중에도 나는 계속 데굴데굴 구르며 비명을 질렀다.

그때였다. 포로들 쪽에서 갑자기 소란이 일었다. 미리 작전을 세운 대로 달궁이와 장수, 흑두가 오랏줄에 묶여 있던 포로들을 탈출시킨 것이 분명했다.

'그래, 어서 도망가거라! 잡히면 안 된다! 이게 마지막 기회이니라!'

수십에서 수백 냥에 이르는 포로 환속금을 마련하지 못하여 어차피 풀려날 가망이 없는 가난한 우리 백성들이 멀리 달아나 새 삶을 살기를 바랐다.

"뭐라고? 포로들이 도망을 간다고?"

나를 에워싸고 있던 적들이 화들짝 놀라 그쪽으로 달려갔다. 하지만 이미 수많은 포로들이 압록강 반대쪽 산과 들 여기저기로 마구 달아난 뒤였다. 미리 숨어 있던 바람단 젊은 이들이 청나라 군사들을 막아 내어 포로들의 길을 뚫어 준 게 틀림없었다.

한나절이 되도록 청의 군사들은 포로들을 뒤쫓고 그중 수십 명을 다시 붙잡아다가 오랏줄로 묶느라 야단이었다.

"어떻게 되었느냐?"

나는 곁으로 돌아온 흑두에게 넌지시 물었다.

"수많은 포로들이 달아났사옵니다. 더러는 도로 잡혀 온 자들도 있지만 대부분 죽을힘을 다해 어디론가 다 달아났습니다."

"아아, 부디 그들이 무사히 고향으로 돌아가야 할 터인데……. 앞으로도 나는 포로들이 무사히 조선으로 돌아가는 그날까지 저들과 싸울 것이다!"

나는 주먹을 불끈 쥐며 다짐하였다.

"왕세자! 이 모든 게 다 네가 꾸민 짓이지? 그러고도 살기를 바라는가?"

도르곤이 얼굴이 붉으락푸르락해져서는 따지며 물었다.

"그렇다! 내가 한 일이다. 하지만 내 나라 백성을 구하는 게 어찌 잘못된 일인가? 한 사람의 포로라도 내 나라 내 땅에서 살게 하는 것이 나의 임무이니라!"

"뭐라? 에잇, 당장 너를 베어 버릴 것이다!"

잔뜩 화가 난 도르곤이 칼을 높이 쳐들었다.

"하하, 너는 결코 나를 베지 못할 것이다. 포로인 내가 죽으면 네 목숨 또한 온전치 못할 테니! 만약 네가 이번 일로 나의 신하들과 포로들을 해치려 한다면 나는 스스로 목숨을 끊을 것이다. 그게 두렵다면 모든 것을 없었던 일로 하고, 어서 나를 데리고 압록강을 건너 너희 황제에게 가도록 하여라!"

"아아, 분하다!"

도르곤은 부드득 이를 갈았다. 황제에게 나는 값비싼 보물이었으니 그 보물을 없앴다간 무슨 일을 당할 지 겁이 난 까닭이었다.

마침내 일행은 아무 일 없었다는 듯 가던 길을 나아갔다. 마침내 눈앞에 압록강이 보였다.

"자, 어서 건너라! 어서!"

청나라 군사들이 채찍을 휘두르며 포로들을 독촉하였다.

봉림이 침통한 얼굴로 내 옆으로 다가와 말했다.

"형님, 이제 이 강을 건너면 우리는 정말 청나라에 들어서는 것이지요? 정녕 다시 고향으로 돌아올 수 있을지요?"

"아우야, 너와 나는 조선의 왕자들이다! 비록 지금은 볼모로 끌려가는 신세이지만 우리는 꼭 조선으로 돌아올 것이다. 부디 그때까지 오늘의 치욕을 잊지 말자. 그리고 저 수많은 조선 포로들의 눈물을 닦아 주고, 저들이 조선으로 돌아올 수 있도록 힘써야 한다."

나는 힘주어 말했다.

"네, 알겠어요. 형님과 힘을 합해 힘껏 돕겠습니다."

"그래, 네가 곁에 있으니 내게 큰 힘이 되는구나."

나와 아우는 멀리 아버지가 계신 한양의 대궐을 향해 절을 올린 후 천천히 압록강을 건넜다. 하지만 강을 건너는 일도 쉽지 않았다. 떠나는 우리 일행을 위해 의주 관청에서 나와 음악을 연주하고 깃발을 흔들며 배웅 행사를 해 주었다. 하지만 누구 하나 웃는 사람이 없었다. 끌려가는 왕세자를 바라보며 나의 백성들은 서럽게 눈물을 흘렸다.

뜻하지 않은 만남

이윽고 심양에 닿았을 때 계절은 이미 봄이 되었지만 내 마음은 여전히 춥고 음산했다.

'이제부터 볼모 생활의 시작이로구나.'

그동안 지나온 험한 산과 들이 눈앞을 스치고 지나갔다. 그 옛날 고구려 선조들이 누비던 땅, 언젠가는 되찾아야 할 땅이었건만 볼모의 신세로 그 땅을 지나온 것이 나는 마냥 서러웠다.

심양에 온 우리 일행은 조선 사신들이 사용해 오던 숙소인 동관으로 들어갔다. 좁고 낡은 곳이었지만 불평할 수도 없었다.

나는 세자빈을 보며 안타깝게 말했다.

"우리는 이제부터 청나라의 감시를 받으며 살아야 하오. 하지만 여기서 반드시 살아남아야 하오."

"걱정 마세요, 마마. 이미 각오한 일이옵니다."

세자빈은 힘주어 말했다. 세자빈은 누구보다 강한 여자였다. 우리의 맏아들이자 앞으로 장차 나의 뒤를 이을 원손을 데리고 강화도로 피난을 갈 때에도 그녀는 여장부였다. 왕실의 피난을 맡았던 검찰사 김경징이 자신의 식솔들을 챙기는 데 배를 모두 사용해 버린 것을 알고 크게 꾸중하여 배를 내오게 했던 세자빈이었다. 또한 청나라에 볼모로 입성하던 날에도 황제가 있는 곳에 가마를 들일 수 없다며 말을 타라고 강요당하자 기꺼이 가마에서 내려 말을 탔을 만큼 당찬 여장부였다.

"고맙소."

나는 빙그레 웃으며 세자빈을 바라보았다.

하지만 낯선 나라, 낯선 땅에서 사는 것이 쉬운 일이 아니었다. 오월이 되자 우리는 새로 지은 심양관으로 들어갔다. 여러 채의 전각이 딸린 그곳에서 아우 내외와 나를 따라온 각 부서 대신들, 시녀들이 함께였으니 모두 합하면 식구가 수백 명이 넘었다.

심양관에는 조선에서와 같이 왕세자인 나를 위한 세자시강원과 세자익위사가 머물렀고, 조선과 청나라 사이의 업무를 맡아볼 예조와 이조, 병조, 호조 등을 두었다. 무엇보다 심양관에서 나의 임무 중 가장 힘든 것은 청에서 원하는 군사와 물자를 대 주는 일이었다. 명나라를 치겠다는 명목하에 그들은 툭하면 수군 등의 군사뿐 아니라 배와 말, 군량을 대어 달라 요구해 왔다. 삼전도 항복 당시에 조약으로 결의한 내용이니 거절을 할 수도 없었다.

"우리 조선은 지난 정묘년과 병자년 두 차례 전쟁으로 숱한 군사들이 죽고 흉년이 들어 청에서 원하는 전부를 다 내줄 수가 없소!"

나는 청나라 측과 끝없는 줄다리기를 해야만 했다. 그뿐만이 아니었다. 포로들을 속환하러 온 조선 사신들 뒷바라지며 두 나라 사이의 문제 해결을 위해 늘 긴장의 끈을 놓을 수 없었다.

하지만 그보다 더 고통스러운 것은 매월 닷샛날로부터 열흘에 한 번씩 열리는 황궁의 제삿날, 주변 국가로부터 조공을 받는 날, 그리고 황실의 크고 작은 연회가 있는 날마다 황제 앞에 나아가는 일이었다. 조선을 정복한 청나라 황제 홍타이지는 귀한 물건이 들어오면 친히 내게 보내며 친절을 베풀었지만 내 마음은 늘 불편했다.

'저자는 조선의 국왕인 아바마마를 무릎 꿇고 절하게 하였다. 뿐만 아니라 항복을 반대했던 세 명의 척화파 삼학사를 처형했고 척화파 대신이었던 김상헌을 옥에 가두지 않았던가? 자신에게 반기를 드는 자는 무참하게 베어 버리는 무서운 사람이다. 조심해야 한다.'

나는 황제를 볼 때마다 다짐하였다. 이처럼 내가 바깥일에 바쁜 중에 심양관 안살림을 맡은 것은 세자빈이었다.

"청나라에서 우리가 먹을 음식과 옷감을 내준다 해도 수많은 우리 식솔들을 먹여 살리는 데는 부족하게 마련이다. 쌀 한 톨, 헝겊 한 조각이라도 허투루 써서는 안 된다!"

세자빈은 언제나 아랫사람들에게 엄하게 일렀다.

심양 생활이 어느 정도 익숙해졌을 무렵 나는 장수와 달궁, 봉림과 함께 바깥나들이를 했다. 압록강을 건너 책문을 지나 청나라로 들어올 때 언뜻 보았던 마을들이었다. 마을마다 붉은 벽돌로 벽을 쌓고 회색 기와를 얹은 집들이 늘어서 있었다.

"여보게, 우리가 오랑캐라고 업신여기던 저들이 어떻게 황토를 구워 벽돌을 만들 생각을 했단 말인가? 볏짚을 섞어 만든 조선의 가옥보다 한결 단단하고 튼튼하지 않은가?"

나는 뜻밖의 모습에 적잖이 놀랐다.

"저희도 이번 전쟁을 치르며 참으로 놀랐습니다. 청나라가 우리 조선을 이길 수 있었던 것은 모두 팔기군 때문이었다는 것을 알게 됐습니다. 팔기군은 여덟 빛깔의 깃발 아래에 각각 병력을 둔 군사 조직인데, 청나라가 만주와 몽고를 차지하는 데에도 큰 공을 세웠습니다."

달궁이가 안타까운 듯 말했다.

"그렇습니다. 청나라가 몽고를 비롯해 북쪽의 크고 작은 나라를 다 차지하고 조선을 무릎 꿇게 한 것은 모두 막강한 기마병 때문이었습니다. 그들은 말 위에서 싸우기 쉽게 만들어진 짧은 화살과 초승달 모양의 칼을 휘두르며 번개처럼 전쟁터를 누비고 다녔습니다."

봉림도 그동안 보고 느낀 것을 말했다.

"형님, 저는 이번 기회에 청나라 군사에 대해 깊이 알아볼 생각입니다. 그들에게 맞서려면 그들의 비결을 알아야지요."

"그래, 잘 생각했다. 여기에서 시간만 보낼 게 아니라 조선을 위해 배워 가야 할 것은 다 배워야 한다."

우리는 청나라에서 목격한 새로운 것들에 대해 이야기를 나누며 심양 시내로 들어섰다.

그때였다. 장터를 돌아서는데 어디선가 울음 섞인 조선말이 들려왔다.

"어머니, 언젠가 다시 만날 때까지 부디 몸조심하시어요!"
"오냐, 너도 반드시 살아남거라, 반드시!"

나와 일행은 소리가 들리는 곳으로 재빨리 달려갔다. 그 순간 믿을 수 없는 광경이 눈앞에 펼쳐졌다. 조선에서 끌려온 포로들을 마치 소나 돼지처럼 사고파는 곳이었다.

"앗, 여기가 바로 소문으로 듣던 노예 시장이로구나!"
"사람을 이렇게 사고팔다니! 짐승만도 못한 놈들!"

나는 소스라쳐 놀라 그쪽으로 다가갔다. 가까이 다가가자 울음소리는 더욱더 크게 들렸다. 심양으로 끌려온 포로들 중에는 노예 시장에서 부모, 형제, 자식들을 만나 서로 얼싸안고 울부짖는 자들이 넘쳐나 그 통곡이 땅과 하늘이 울릴 정도였다.

"자자, 여기 있는 이 계집은 아주 쓸모가 많을 것이오! 얼굴도 반반하니 첩으로 삼아도 좋고, 만주어도 할 줄 아니 말을 따로 가르치지 않아도 될 테고, 몸이 튼튼하니 밭일이나 집안일은 물론이요 애도 쑥쑥 잘 낳을 테니 이보다 더 좋은 물건은 없소! 자, 누가 이 계집을 먼저 살 테요?"

상인 하나가 한 아낙을 놓고 흥정을 붙였다. 그 아낙은 쪽진 머리에 고개를 빳빳이 들고 상인을 노려보고 있었다. 그 순간 나는 내 눈을 의심하였다.

"앗, 저, 저기 있는 저 여인은 다, 담이가 아닌가?"

옷은 다 헤지고 머리도 부스스했지만 당찬 콧날이며 입매, 쏘는 눈빛이 틀림없는 나의 벗 담이였다. 나는 누가 말릴 틈도 없이 담이 곁으로 달려갔다.

"담이야, 네가 대체 왜 여기에?"

"앗, 마마! 세자마마……."

분노로 이글거리던 담이의 눈동자가 금세 눈물로 어룽거렸다.

"그래, 나다! 왕이다! 그런데 담이 네가 어찌하여 여기 있는 것이냐?"

나는 너무 놀랍고도 분해서 애처로운 마음으로 담이에게 물었다.

"저하, 청나라로 돌아가던 청의 군사들이 의주 지방 마을들을 샅샅이 뒤져 장정과 아녀자들을 닥치는 대로 끌고 왔나이다. 그들은 저희 집에도 들이닥쳐 재물을 노략질하고 저와 집안 머슴들을 모두 여기까지 끌고 왔습니다."

"네 지아비는 대체 무얼 하고 있었단 말이냐?"

"임경업 장군을 도와 청나라로 돌아가는 청군의 배후를 공격하다가 활을 맞고 세상을 떠났나이다. 한양에 계시던 할아버지께서도 적군이 쳐들어오자 의병을 이끌고 나가셨다가 목숨을 잃으셨다는 전갈을 받았나이다."

담이는 눈물을 주르르 흘렸다.

"뭐라? 윤치훈 장군께서도?"

나는 담이의 할아버지이자 조선의 명장이었으며 내게는 스승이시기도 한 그분을 떠올리며 부르르 떨었다.

"그럼 너희 집안에서는 포로가 된 너를 환속하여 데려가 줄 사람이 아무도 없단 말이냐?"

나는 안타깝게 물었다.

"그렇습니다, 저하. 전쟁으로 모두 죽었고 집안의 재산까지 약탈당하여 누구도 제가 포로에서 풀려나도록 손쓰지 못할 것이옵니다."

"어찌 이런 일이! 그렇다면 네 자녀들은 어찌 되었느냐?"

나는 담이가 자식을 낳아 엄마가 되었다는 소식을 이미 알고 있었다.

"제가 부리던 머슴댁 하나가 제 두 아들을 데리고 외딴 곳으로 숨었나이다. 저하, 저는 반드시 살아남아 두 아들을 보러 한양으로 돌아갈 것입니다."

담이는 두 주먹을 꼭 쥐고 말했다. 그 옛날 나를 호되게 야단칠 때의 그 모습 그대로였다.

"아아, 조선 제일의 장수 집안이 이리 무너지다니!"

나는 내게 무예를 가르쳐 주던 윤치훈 장군이 떠올라 너무도 애통하였다.

그때 청나라 장사꾼이 나를 보며 호통쳤다.

"이보시오! 이 여자를 살 테면 사고 아니면 당장 저쪽으로 비키시오! 자, 이 여자 살 사람 아무도 없소?"

"네, 이놈! 이 여인이 누군지 알고 네놈이 감히 주둥아리를 함부로 놀리는 것이냐? 이 여인은 조선의 왕세자인 나의 소중한 동무이니라! 내가 이 여인을 데려갈 터이니 당장 길을 비키지 못할까!"

나는 담이를 가로막으며 큰소리로 외쳤다. 하지만 청나라 상인의 무엄함도 만만찮았다.

"하하, 조선의 세자마마라? 전쟁에서 지고 청나라에 끌려왔다는 얘기는 들었지. 하지만 힘없이 끌려온 볼모가 여기 청나라 땅에서 무얼 어쩌겠다는 것인가? 당장 그 여자를 내놓는 것이 좋을 것이다!"

"네 이놈, 무엄하다!"

흑두가 앞을 막아서며 두 눈을 부릅떴다. 그 순간 나는 저고리 위에 덧입은 배자에 달린 산호 단추를 휙 잡아 뗐다.

"오냐, 네놈이 그냥은 안 보내 줄 모양이니 이걸 주마. 이제 데려가도 되겠느냐?"

"오호라, 산호 단추 두 개는 받아야겠지만 그리 애원하니 보내 주지. 데려가거라!"

상인은 산호를 이리저리 만져 보다가 입꼬리가 벌쭉 올라

간 채 말했다.

"어서 가자!"

나는 지칠 대로 지친 담이를 데리고 발길을 돌렸다.

"세자 저하, 저희도 구해 주소서!"

"제발 저희의 목숨도 살려 주십시오! 저희를 조선으로, 고향으로 돌아가게 해 주소서!"

겁에 질린 포로들이 목 놓아 울며 매달렸다. 팔려 가는 포로들은 밭일, 집안일로 손이 부르트도록 일해야 했다. 더구나 얼굴이 곱고 젊은 여자들은 아내가 있는 청나라 남자들의 첩살이를 할 것이 분명했다.

"아아, 미안하오! 참으로 미안하오! 내 어떻게든 그대들이 조선으로 돌아갈 수 있도록 방도를 알아보리다. 부디 그때까지만 참아 주오!"

내 눈에도 뜨거운 눈물이 주르르 흘러내렸다.

포로들의 울음소리를 뒤로하고 돌아서는 내 발걸음은 천

근만근 무거웠다.

"저하, 참으로 고맙습니다. 이 은혜 잊지 않겠나이다. 장차 저하를 도와 저들을 구하는 일에 앞장서겠나이다."

지친 두 발을 질질 끌며 나를 따라오던 담이가 말했다.

심양관으로 돌아온 나는 세자빈에게 말했다.

"윤치훈 장군의 손녀딸 담이라고 하오. 지난번에도 우리를 도와 청군의 소식을 알려 준 고마운 벗이라오. 부디 따뜻하게 맞아 주고 곁에 두기를 바라오."

"알겠습니다."

세자빈도 기꺼이 담이를 반갑게 맞아 주었다. 그날 이후 나는 잠을 이룰 수가 없었다. 포로들이 울부짖는 소리가 자

꾸만 귓가에 맴돌았다.

'포로들을 환속시키려면 돈이 필요하다. 하지만 조정에서는 병자호란으로 만신창이가 된 나라를 다잡는 데도 수많은 조세가 필요할 터이니 여기 있는 포로들까지 거둘 수는 없을 것이다.'

나는 낮이고 밤이고 어떻게 하면 포로들을 구해 낼 수 있을지 궁리를 하였다.

하지만 그것은 청나라 조정 측에서 모르게 해야만 하는 일이었다. 어느 날 더욱 안타까운 소식이 들려왔다.

"형님, 소문을 듣자 하니 포로들을 되찾아 가려 조선에서 청나라로 온 속환사 중에는 사대부들도 있답니다. 어느 벼슬아치는 포로로 끌려온 딸과 첩을 위해 무려 일천 냥을 내놓았다고 합니다. 뿐만 아니라 이번에 사은사로 온 좌의정도 포로로 끌려온 아들을 위해 천오백 냥이라는 거금을 내놓았다 합니다. 그 바람에 일백 냥 정도 하던 속환금이 터무니없이 올라 이제 돈 없는 백성들은 그저 발만 동동 구를 뿐이라 합니다."

"나라에서 속환금을 백 냥이 넘지 않도록 하라고 일렀지만 통 지켜지지 않는구나. 어떻게든 그들을 구해야 할 터인데 참으로 안타까운 일이다."

나는 깊은 한숨만 내쉬었다. 포로들 중 일부는 청나라에서만 팔리는 것이 아니라 멀리 외국으로까지 팔려 간다는 것을 알게 된 나는 더욱 마음이 급해졌다.

무역을 하고 농사를 짓다

그러던 어느 날 뜻밖의 소식이 날아들었다. 청나라를 세웠던 누르하치의 열두 번째 아들인 팔왕이 심양관으로 은자 오백 냥과 편지를 보내왔다.

이 돈으로 조선에서 나는 무명과 표범 가죽, 수달피, 인삼을 사서 보내 주오!

"저하, 이건 하늘이 저희를 돕는 일입니다. 은돈 오백 냥으로 물자를 사다가 팔면 저희에게도 큰 이문이 남을 일이옵니다. 저하는 조선과 청나라의 외교 문제로 바쁘시니 저와 담이가 이 일을 맡아 해도 되겠는지요?"

안채에서 담이와 함께 차를 마시던 세자빈이 환하게 웃으며 물었다.

"저하, 그렇게 남긴 이문으로 돈을 모아 포로들을 위한 환속금으로 쓰면 얼마나 좋을까요?"

담이도 눈을 반짝였다.

"그래, 그거 참 좋은 생각이구나! 그렇게만 된다면 더 바랄 게 없지."

나는 모처럼 환하게 웃으며 대답했다.

"저하, 담이가 만주어를 잘하니 그 일에 적임자로 여겨지옵니다."

세자빈이 담이를 보며 빙그레 웃었다.

"저하, 무엇이든지 시켜만 주소서. 압록강을 넘을 때부터 포로들과 함께하여 그들의 고통을 알기에 한시도 가만히 있을 수가 없나이다."

담이도 힘주어 말했다.

"하하, 두 여장부가 만났으니 무슨 일인들 못할까? 좋은 기회가 온 것 같으니 잘해 보자꾸나!"

나는 흔쾌히 대답했다. 세자빈과 담이는 손발이 잘 맞는

짝꿍이었다. 장수와 달궁이는 담이에게 몸이 재빠른 바람단 젊은이들과 보부상을 이어 주어 조선 각지에서 물자를 구해 오도록 도왔다.

세자빈은 조선에서 들여온 물자에 큰 이문을 붙여 팔왕에게 넘겼다. 이러한 거래는 그 후에도 점점 더 잦아졌다. 드넓은 만주 벌판을 오가며 살아온 청나라 사람들에게 조선의 질 좋은 종이며 비단, 무명, 담배, 과일, 손으로 짠 수공예품은 최고의 인기였다. 그들은 집 안 곳곳을 조선의 물건으로 치장하고 쓰는 것을 일종의 사치로 여겼다. 그래서 심양관을 찾아와 조선 물자를 사다 달라며 돈을 맡기는 청나라 벼슬아치들이 점점 늘어 갔다. 이렇게 되자 조선에도 청나라와 조선을 오가는 보부상들이 물건을 사고팔며 거래할 장소가 필요하게 되었다.

"저하, 소인이 의주로 가서 그 일을 하겠나이다."

소식을 통해 아들 둘이 무사하다는 것을 알게 된 담이는 의주로 가길 원했다.

"저하, 그 일을 하기엔 담이가 제일이옵니다. 담이를 보내 그 일을 맡게 하소서."

세자빈도 나서서 부탁하였다.

"그렇다면 담이 네가 의주로 가도록 하여라. 그곳은 네가 살던 곳이라 낯설지 않을 터이니 잘하리라 믿는다."

나는 담이를 보내는 게 서운했지만 언젠가 보내야만 한다는 것도 잘 알고 있었다.

"저하, 구해 주신 은혜 평생 잊지 않겠나이다. 조만간 또 뵙게 될 것이옵니다."

담이는 심양관을 나서며 고개 숙여 인사하였다.

담이가 의주에서 상단을 꾸리고 필요한 물건을 마련해 주기 시작하자 심양관 무역 활동은 더욱 활기차게 돌아갔다.

"저하, 이번에 장사를 하여 남긴 이문이옵니다. 포로들의 환속금으로 쓰시옵소서."

세자빈은 노예 시장에 나온 조선 포로들을 구하라며 큰돈을 아낌 없이 내주었다.

"참으로 고맙소!"

나는 세자빈이 마련해 준 돈으로 수많은 포로들을 구해 조선으로 되돌려 보냈다.

조선에서도 환속사를 보내 포로들을 공식적으로 사 가곤 했지만 그 수가 많지 않았다. 가난한 집안에서는 어마어마하게 오른 환속금을 지불할 여력도 없는 경우가 허다했다.

"세자마마, 고맙습니다. 고맙습니다!"

포로들은 뛸 듯이 기뻐하며 고향으로 돌아갔다. 이러는 사이 어느덧 심양으로 온 지 오 년이라는 세월이 흐르고 있었다. 어느 날 청나라 관리 한 사람이 찾아와 말했다.

"이제 더 이상 심양관에 식량을 지원해 줄 수가 없소!"

"뭐라? 한 나라의 왕세자와 대군 일행을 볼모로 잡아와 놓고는 먹을 것조차 마련해 주지 않는단 말이오?"

나는 언성을 높였다.

"계속되는 흉년에다 명나라와 계속되는 전쟁으로 우리도 식량이 부족한 실정이니 이제부터 스스로 알아서 해결하기 바라오. 경작에 필요한 땅은 내줄 것이오!"

청나라 관리는 그와 같이 통고하고는 서둘러 심양관을 떠났다. 그동안 청나라에서 식량을 대준다 해도 식구가 워낙 많다 보니 조선 조정에서까지 도움을 받아 온 터였는데 이제는 앞날이 막막했다.

"형님, 저들의 속셈이 수상합니다. 알아서 농사짓고 살라는 것은 여기 이 땅에다 뿌리를 내리라는 뜻 아니겠습니까? 참으로 교활한 놈들입니다!"

봉림이 화를 내며 투덜거렸다.

"듣고 보니 아우 말이 맞네. 저들이 원하는 건 바로 그 점일세."

나는 고개를 끄떡였다.

"저하, 염려 마시옵소서. 이제부터 청나라에서 내주는 땅에 농사를 지어 식솔들을 먹여 살리면 될 일이옵니다."

"농사를 짓는다? 우리가 말이오?"

나는 세자빈의 말에 깜짝 놀라 물었다.

"심양에 와서 가만히 보니, 청나라 사람들은 떠돌며 살아온 탓에 농사짓는 법을 제대로 모르는 듯 보였습니다. 조선은 예로부터 농사를 근본으로 삼아 온 나라가 아니옵니까? 조선의 기술을 살려 이곳에서 농사를 짓는다면 관소 식구들이 먹을 식량 걱정은 안 하셔도 되리라 여겨지옵니다."

세자빈은 차분하게 자기의 뜻을 밝혔다.

"좋소! 그렇게 해 봅시다!"

나는 세자빈의 제안을 흔쾌히 받아들였다. 그리고 청나라에서 내준 땅에 농사를 짓도록 하였다. 포로였다가 환속된 조선 사람들 중에는 고향에 돌아가도 먹고살 일이 막막하다며 심양관의 농사일을 돕겠다고 발 벗고 나서 준 이들도 있었다.

그러던 어느 날, 웬 젊은 여인 한 명이 심양관으로 찾아왔다. 아낙네는 옷이 낡아 찢어져 있고, 금방이라도 쓰러질 듯 몸이 야위어 보기에 딱할 정도였다. 자세히 보니 얼굴이 낯이 익었다.

"아니, 자네는 지난번 환속되어 조선으로 돌아갔던 여인이 아닌가? 그런데 어찌하여 조선에 머물지 않고 심양 땅에 있는 것이냐?"

나는 깜짝 놀라 물었다.

"저는 고향으로 돌아갔습니다. 그런데 남편을 비롯한 집안 식구들은 물론, 동네 사람들 모두 저를 보며 '환향녀'라 부르며 손가락질을 하고 따돌리는 통에 살 수가 없었습니다. 그래서 차라리 죽어 버리려고 강에 뛰어들었다가 마침 지나가던 뱃사공이 쇤네를 구해 주었습니다. 그러고는 쇤네를 담이 마님 댁으로 보내 주었습니다, 으흐흑……."

"담이한테 말이더냐? 그래서?"

이번에는 세자빈이 놀라 물었다.

"마님께서는, 환향녀라고 손가락질 받으며 조선에서 살 바에는 차라리 심양으로 건너가서 농사를 지으며 살라며 저를 이곳으로 보내셨습니다, 흑흑……."

젊은 여인은 참았던 서러움이 터지는지 소리 내어 슬피 울었다.

"울지 말거라. 그래, 이제부터 여기서 우리와 함께 지내도록 하자."

세자빈은 그녀를 다독였다.

'참으로 안타까운 일이로다!'

나는 가슴이 무너지는 듯 아렸다. 전쟁을 겪고 갖은 고생 끝에 포로에서 풀려나 고향으로 돌아갔는데, 포로로 끌려가 몸을 더럽혔다는 손가락질을 받고 내몰림을 당하는 여인들이 한둘이 아니라는 것이었다. 고향으로 돌아가 환향녀라고 불리는 여인들은 걸인처럼 여기저기를 떠돌거나 스스로 목숨을 끊는 일이 허다하다는 소식이 들려왔다.

환속된 이후에도 고향으로 가지 않고 심양에서 농사를 돕길 원하는 젊은 여성들이 점점 많아졌다. 일손이 늘자 거칠고 척박했던 땅은 얼마 안 가 기름진 옥토로 바뀌었다. 조선에서부터 농사를 업으로 여기던 우리 농군들이 만들어 낸 기적이었다. 씨를 뿌리고 지극정성으로 가꾸자 벼와 보리를 비롯해 푸릇푸릇한 채소들이 싱싱하게 자라났다.

추수를 끝내자 세자빈은 자랑스레 말했다.

"저하, 저희가 수확한 쌀은 청나라의 쌀보다 맛이 좋아 세 배나 더 비싸게 받고 팔았나이다. 채소 또한 청나라 사람들에게 아주 인기가 좋답니다."

"참으로 다행이오. 수고했소!"

나는 칭찬을 아끼지 않았다.

지혜로운 세자빈은 수완이 좋아서 장사뿐 아니라 농사꾼들을 다루는 데에도 탁월한 재주가 있었다. 남보다 더 농사를 잘 지은 사람에게는 상을 주어 그 공로를 치하하고 다른 이들도 더욱 농사일에 힘쓰도록 격려하였다. 이제 심양관은

무역에 농사까지 더해져 풍족한 생활을 꾸려 나갈 수 있었다. 또한 그렇게 번 돈의 대부분을 조선 포로들을 돌려보내기 위한 환속금으로 사용하였다. 하지만 심양관에서의 나와 세자빈의 이런 생활을 조선 조정에서 곱지 않은 눈으로 보고 있다는 것을 나는 잘 알고 있었다.

"저하, 조선에서는 지금 저하와 세자빈마마께서 상것들이나 하는 장사를 하고 농사를 지어 재물을 쌓아 두고 있다며 험담을 하고 있습니다."

얼마 전 조선에 다녀온 달궁이가 조심스레 입을 열었다.

"아니, 그게 정말인가? 우리는 그저 살아남기 위해 애쓰고 있을 뿐인데, 칭찬은 하지 못할 망정 비난을 하다니! 하지만 나는 하늘에 한 점 부끄러움이 없네. 우리가 번 돈으로 수많은 포로들을 속환시켰고, 이곳 식구들을 배불리 먹일 수 있는 게 어찌 지탄받을 일이란 말인가?"

문득 지난번 세자빈이 조선에 다녀와서 울며 한탄하던 일이 떠올랐다.

"저하, 한양에 계신 전하께서는 어찌하여 제가 친정아버지 장례를 치르러 가는 것을 반대하셨을까요? 저희가 무슨 잘못을 저질렀기에 그런 푸대접을 받아야 하옵니까? 먼 이국땅에서 볼모가 되어 열심히 살아가는 저희에게 말이옵니다!"

친정아버지의 장례를 치르러 조선에 갔다가 아바마마의 반대로 그냥 발길을 돌려야만 했던 세자빈은 돌아와서는 눈물을 철철 흘리며 울었다.

'그랬구나. 지금 조선에서는 나와 세자빈에 대한 좋지 않은 소문들이 퍼져 있구나. 아바마마께서는 그 소문을 믿고 세자빈을 차갑게 대하셨을 것이다.'

나는 서운하고 안타까운 마음을 버릴 수 없었다. 볼모 생활을 하던 중 두 번째로 아버지를 찾아뵈었을 때 뭔가 미심쩍었던 일도 떠올랐다. 아버지의 병문안을 위해 먼 길을 달려갔지만 아버지는 이상하게도 나를 반겨 주시지 않았다.

"청나라가 어찌하여 네 아우를 놔두고 너를 조선으로 보냈느냐? 행여 나를 폐하고 너를 왕위에 앉히려는 그들의 계략이 아니더냐?"

아버지는 두려움에 떨며 말했다. 삼전도에서 청나라에 크게 수모를 당한 뒤 아버지는 청나라에 대한 두려움과 깊은 원한에 시달리고 계셨다.

"아바마마, 그럴 리가 있사옵니까? 부디 마음을 편안히 하고 옥체를 보존하소서."

나는 안타까운 마음으로 아뢰었다.

'내가 청나라로 돌아오지 않을까 봐 원손을 청에 붙잡아 둔 청나라가 아닌가? 그들의 간교함을 알면서도 아버지께서는 어찌 나를 의심하신단 말인가?'

나는 그때의 일을 떠올리자 새삼 마음이 찢어졌다.

'그래, 서로 멀리 떨어져 있으니 오해가 생긴 것이다. 언젠가 내가 다시 돌아가면 모든 것이 제자리로 돌아갈 것이다.'

나는 애써 고개를 저었다.

그런 마음가짐에도 불구하고 들려오는 이야기를 듣고 보니 어쩐지 마음이 불안했다. 하지만 지금은 헛된 일에 마음을 쓸 때가 아니었다.

'조선에서 아무리 나에 대한 오해와 소문이 무성하다 해도 나는 살아남아야 한다. 여기서 꿋꿋하게 살아남아야 고국으로 돌아갈 것이 아닌가? 살얼음판을 딛고 사는 이 볼모 생활을 끝내고 내 나라 조선으로 돌아갈 때까지 우리 모두 굳건하게 살아남아야 한다.'

나는 다짐하였다.

새로운 세상 북경을 가다

　청나라는 한창 명나라를 무너뜨리기 위해 안간힘을 쓰고 있었다. 그럴 때마다 조선에 군대를 요구하는 등 심양관에 머무는 나를 괴롭혀 왔다.
　'이제 볼모 생활도 머지않아 끝날 것이다. 조선의 군사들을 죽음의 골짜기로 몰아넣을 수는 없다. 어떻게든 핑계를 대고 막아야 한다.'
　나는 날마다 그 생각뿐이었다.
　그러던 어느 날 청나라 황제가 갑작스레 세상을 떠나는 일이 벌어졌다. 명나라 정벌을 코앞에 둔 시기였다.
　"아아, 황제가 죽었구나!"

나는 갑자기 온몸의 힘이 쑥 빠졌다. 삼전도의 높고 높은 수항단에 앉아 아버지를 내려다보던 거만한 그 얼굴이 떠올랐다. 이마에서 피가 흐르도록 황제에게 절을 해야만 했던 아버지의 모습도 떠올랐다.

"아아, 안타깝구나! 그가 천년만년 살아서 청나라가 망하는 것을 보게 하여 복수하고 싶었건만, 이렇게 맥없이 세상을 뜨다니! 이제 청나라는 어찌 될 것인가?"

나는 막강한 권력을 휘둘렀던 황제가 죽었으니 분열이 생겨 청나라가 무너지기를 간절히 바랐다. 하지만 이번에도 도르곤의 승리였다. 아무런 유언도 남기지 않은 황제를 대신하여 도르곤은 다른 왕위 계승자들을 다 제치고 일곱 살 난 조카 복림을 황제의 자리에 앉혔다. 그리고 어린 황제 순치제를 곁에서 보살피며 섭정하는 왕이 되었다.

'도르곤, 너는 참으로 무서운 사람이다. 이제 청나라를 손에 쥐고 흔드는 실질적 통치자가 되었구나!'

나는 어린 시절 나와 함께 칼싸움을 하던 도르곤을 떠올리며 몸서리를 쳤다.

그러던 어느 날, 도르곤이 내게 말했다.

"이제 우리는 명나라를 치기 위해 군사 요지인 산해관을 넘을 것이다. 나와 함께 가자. 지금 명나라에서는 이자성이라는 장수가 반란을 일으키고 황궁을 차지하여 황제가 스스로 목숨을 끊었다고 한다. 하지만 이제 곧 이자성의 군대는 무너질 것이다. 우리 청나라가 얼마나 위대한지, 청나라의 오랜 소원이 어떻게 이루어지는지 직접 보여 줄 것이다."

도르곤은 내가 청나라를 못마땅하게 여기며 살아가고 있다는 것을 잘 알고 있었다. 그는 조선이 하늘처럼 떠받들던 명나라가 무너지고 그곳에 청의 깃발이 서는 현장을 내게 눈앞에서 직접 보여 주고 싶어 했다.

"그래, 좋다! 같이 가자!"

나는 과연 명나라가 무너지고 청이 북경을 차지할 수 있을지 궁금했다. 만약 그런 일이 벌어진다면 내 눈으로 똑똑히 지켜보고 싶었다.

마침내 도르곤은 깃발을 휘날리며 심양 서쪽에 있는 산해관으로 나아갔다. 산해관은 만리장성 동쪽 끝에 있는 관문으로 군사적으로 아주 중요한 지점이었다. 죽은 홍타이지도 군사를 이끌고 나가 산해관에서 싸웠지만 그곳을 지키는 명나라 장수 오삼계 때문에 번번이 정복에 실패를 했던 곳이었다.

'과연 이번에도 오삼계가 청나라 군사들을 막아 낼 수 있을까?'

나는 두근거리는 마음으로 군사들의 뒤를 따랐다. 언제나처럼 흑두와 장수, 달궁이 내 곁을 지켰다. 그런데 놀라운 일이 벌어졌다.

오삼계와 한바탕 전투를 계획하던 도르곤에게 놀랍게도 오삼계가 항복 문서를 보내온 것이다. 이자성의 난으로 북경이 함락되고 황제가 스스로 목숨을 끊었다는 것을 알고는 도르곤과 힘을 합해 이자성의 군대를 치려는 계략이었다.

"아아, 하늘이 도르곤을 돕는구나!"

청나라가 패하기를 바랐던 나는 탄식했다. 오삼계가 문을 활짝 열어 준 덕분에 도르곤은 쉽사리 산해관을 지날 수 있었다. 그러나 이자성의 군대도 만만찮았다. 오삼계가 군대를 이끌고 온다는 소식을 들은 이자성이 산해관을 향해 진격해 왔다. 오삼계 뒤에 무시무시한 도르곤의 군사들이 도사리고 있다는 것을 모르고 저지른 일이었다.

"진격!"

장엄한 나팔 소리, 북소리와 함께 도르곤의 군사들은 이자성의 반란군을 향해 바람처럼 달려갔다. 주로 농민들로 이뤄진 이자성의 반란군은 청나라 팔기군을 당해 낼 수 없었다.

이자성은 꽁지를 내리고 달아나 버렸다.

"어서 북경으로 가자!"

도르곤은 군사들을 이끌고 오삼계의 안내를 받으며 명나라의 수도인 북경으로 갔다. 도르곤은 마치 황제처럼 황금 가마를 타고 명나라 황궁으로 들어섰다.

'아아, 여기가 바로 우리 조선이 떠받들던 명나라의 황궁이로구나. 하지만 지금 이 꼴이 다 무엇인가!'

도르곤을 따라 황궁으로 들어섰을 때는 이미 이자성의 군대가 모든 것을 휩쓸고 난 뒤였다.

'자, 조선의 대신들은 이걸 보시오. 그대들이 대국으로 떠받들던 명나라의 마지막 모습이오! 이제 명나라는 사라지고 청나라가 이곳의 주인이오!'

나는 황궁을 둘러보며 가슴으로 부르짖었다. 명나라의 멸망 소식을 듣고 통곡할 척화파 대신들을 떠올리자 서글프기 짝이 없었다. 이로써 청나라가 오랑캐의 나라가 아닌 대륙을 호령하는 대국이 되었음을 인정하지 않을 수 없었다. 세상의 변화를 인정해야만 했다.

그 후 모든 일은 눈 깜짝할 사이에 이뤄졌다. 심양에 있던 순치제를 북경 황궁으로 모셔 감에 따라 나도 심양관 식구들을 북경으로 데려가게 되었다.

마침내 심양관을 떠난 일행은 순치제의 뒤를 따라 북경으로 들어섰다. 팔월 열아흐렛날 심양을 떠나 한 달이나 걸리는 멀고도 험한 길이었다.

어느 날 도르곤이 나에게 말했다.

"아직도 우리를 오랑캐라고 여기는가? 북경에 머물며 우리가 얼마나 대단한 민족인지 알게 되길 바라네. 하하!"

도르곤은 승자의 기쁨을 마음껏 뽐내며 웃었다.

"그래, 축하한다. 청나라는 더 이상 오랑캐의 나라가 아닐세. 이제 조선과 청나라는 새로운 세상을 맞이할 것이네. 이제부터 두 나라가 서로 도와 의지하고 존중하며 발전하기를 바라네."

나는 청나라의 승리를 진심으로 축하해 주었다. 북방의 작은 여진족이었던 그들이 이제는 중원의 대국으로 성장하였으니 참으로 대단한 일이었다.

며칠 뒤 도르곤은 나에게 천문대에 있는 아담 샬이라는 서양인 신부를 소개해 주었다.

"아담 샬이 누구인가?"

"그는 서양에서 온 천주교 신부로, 북경에 온 지 벌써 이십여 년이 된 사람이라네. 명나라에 서양의 역법이며 천문학을 가르쳐 준 천문학자이지."

도르곤은 아담 샬을 천문학을 다루는 흠천감의 학자로 삼을 만큼 그의 학문을 높이 치하하고 신뢰하고 있었다.

나는 천문대로 아담 샬을 찾아갔다. 이미 조선에서 화약을 연구하던 화란 사람 박연 일행을 보아 온 나였기에 둥근 모자를 쓰고 흰 수염을 길게 늘어뜨린 서양인 아담 샬이 낯설지 않았다.

"조선의 왕세자께서 오셨군요! 반갑습니다!"

아담 샬은 나를 반갑게 맞아 주었다.

"이곳에는 참으로 신기한 물건이 많군요. 이 물건들을 대체 어디에 쓰는 것인지 저에게도 좀 가르쳐 주십시오."

나는 천문대 안에 있는 낯선 물건들을 보며 물었다. 아담 샬은 내게 천문 관측 기구인 천구의를 비롯하여 여러 가지 기구들을 보여 주었다.

'하늘의 해, 달, 별을 과학적으로 관측하여 그 주기에 따라 절기나 달, 계절과 같은 역법을 만들다니!'

나는 속으로 적잖이 놀랐다. 조선에도 세종 임금 때에 만든 숱한 천문학 기구들이 있었지만 아담 샬의 관측 기구는 더욱 정교하고 복잡했다.

'자주 들러 새로운 지식을 얻어 가야겠다.'

나는 그 후 자주 아담 샬을 만나 천문뿐 아니라 지리, 수학, 지동설, 화포 제조 등 서양에서 상당히 발전된 여러 지식을 듣고 배웠다. 하지만 더욱 놀라운 것은 아담 샬을 통해 천주를 알게 된 일이었다.

"천주님께서는 이 세상을 만드셨고, 우리 죄를 위해 십자가에 못 박혀 돌아가신 분입니다. 그분을 믿고 따르면 우리도 영생을 얻을 수 있습니다."

"아니, 내가 알지도 못하는 천주께서 어찌 나를 위해 돌아가셨다는 것이오?"

아담 샬의 가르침은 내게 큰 충격이었다. 아담 샬은 명나라 황제가 지어 준 천주당으로 나를 불러 천주교 교리를 들려주었다. 나는 처음에 그것이 뭔지 몰랐지만 아담 샬의 이야기를 듣는 동안 마음이 편안해졌고, 천주의 형상을 바라보는 것이 전혀 두렵지 않게 되었다. 다행히 아담 샬이 있는 남천주당이 내가 머무는 곳과 가까워서 자주 그를 만날 수

있었다. 나는 아담 샬을 만나는 것이 참으로 즐거웠다. 그의 입에서 나오는 지리와 천문, 역법 등 다양한 지식과 이야기들은 나를 이전과 전혀 다른 새로운 세상으로 이끌어 주었다.

'조선으로 돌아가면 새로운 천문대를 만들고 새로운 학문을 전파하리라!'

나는 굳게 다짐하였다. 아무리 청나라가 미워도 그들의 선진 문물을 배워 조선에서도 새 세상을 열어야만 했다.

마침내 고국으로

　북경에서의 생활도 어느덧 두 달여가 지나갔다. 황궁을 차지하고 나라가 안정되자 어느 날 도르곤이 내게 말했다.
　"그동안 고생이 많았다. 이제 너희는 조선으로 돌아가도 좋다."
　나는 가슴 속에서 뜨거운 불덩이가 치미는 것을 느꼈다.
　"하하, 이제 우리 조선과 명나라가 힘을 합해 청나라를 칠 염려가 없으니 안심하고 나를 보내 주는 것인가? 도르곤, 지난 여덟 해 동안의 볼모 생활을 결코 잊지 않을 걸세. 나는 이제 조선으로 돌아가면, 청나라에 끌려왔던 불운한 왕세자가 아닌, 새롭고 강한 조선을 만드는 새로운 왕세자로

거듭날 것일세."

나는 힘주어 말했다.

"허허, 나는 자네의 그런 기질을 잘 알고 있네. 자네가 미울 때도 있었지만, 자네의 그 담대함이 마음에 들었다네. 앞으로도 자네와 나는 친구일세. 안 그런가?"

도르곤은 호탕하게 웃었다.

끝날 것 같지 않던 볼모 생활을 끝내고 마침내 조선으로 돌아가는 길, 청나라 조정에서는 내게 수많은 선물을 안겨 주었다. 나는 그중에서도 아담 샬에게 받은 화포와 천리경을 비롯해 천문, 산학 등 서양 지식에 관한 책들을 특히 소중하게 챙겼다. 짧은 기간이었지만 내게 큰 가르침을 준 아담 샬에게 참으로 고마웠다.

"조선은 유교의 나라, 성리학의 나라입니다. 그러나 나에게 가르쳐 준 천주교 교리를 결코 잊지 않겠습니다."

심양을 거쳐 압록강을 건너 조선으로 건너가 의주를 지나야 하는 기나긴 여정이 우리 앞에 놓여 있었다. 심양관에 닿자 봉림이 내게 말했다.

"형님, 저는 이번에 명나라가 망하는 것을 보며 많은 것을 깨달았습니다. 청을 이기려면 우리도 힘을 길러야 합니다.

우리가 저들을 이기려면 저들이 거느리는 팔기군과 같은 강력한 군사 조직이 있어야 한다고 생각합니다. 그래서 여기 있는 동안 새로운 병법에 관하여 많이 구상했습니다. 언젠가 막강해진 조선의 군사들을 이끌고 북경으로 쳐들어가는 그런 상상을 하면서 말입니다."

봉림은 힘주어 말했다.

"그래, 네 생각이 옳다. 힘 있는 나라, 힘 있는 군주가 얼마나 중요한지 나도 깨달았느니라. 나도 북경에 있는 동안 아담 샬 신부를 통해 서양의 새로운 문물에 눈을 떴다. 그 새로운 문물을 우리 조선의 대신들과 백성들에게 가르쳐 줄 셈이다. 그리하여 아바마마를 도와 그 어느 때보다 강한 조선을 만들고 싶구나."

"네, 형님!"

나는 아우와 얼싸안았다. 낯선 심양으로 끌려와 어느덧 여덟 해. 우리는 그 세월을 함께 살아남은 가엾고도 자랑스러운 왕자들이었다. 그리고 이제 다시는 이런 일이 없어야만 했다. 그러려면 우리가 힘을 합해 아버지를 도와 새로운 조선을 일으켜야 할 때였다.

마침내 심양관을 떠나는 날, 나는 전각들을 하나하나 바라보았다. 관소 앞이 시끌벅적하도록 무역을 했고, 황무지를 일궈 농사를 지었으며, 조선 포로들을 환속시켰던 지난 시간이 새삼 눈앞을 스치고 지나갔다.

"저하, 이곳을 떠나려니 눈물이 나옵니다. 하오나 조선으로 돌아가면 여기서 지냈던 일은 이제 다 잊고 행복한 나날을 보내고 싶사옵니다. 원손과 둘째 석린, 셋째 석견과 함께 오순도순 말이에요."

세자빈은 아이들을 안고 눈시울을 붉혔다. 그동안 숱한 고생과 고향에 대한 그리움에도 내색 한번 안 한 강한 여인이었지만 이제 조선으로 돌아가게 되자 세자빈은 비로소 눈물을 비쳤다.

"그동안 고생이 많았소. 그대가 아니었으면 이곳 생활을 견딜 수 없었을 거요."

나는 세자빈의 두 손을 꼭 잡고 그 공로를 치하해 주었다.

"형님, 먼저 가십시오. 저는 남은 일을 정리하고 뒤따라가겠습니다."

"그래 알았다. 천천히 살펴 오너라."

나는 아우를 지긋이 바라보았다.

마침내 나는 말에 올라 천천히 심양관을 나섰다.

"저하, 이제 가시면 언제 또 뵐 수 있겠는지요? 그동안 무지렁이 같은 저희를 보살펴 주신 은혜 잊지 않겠습니다!"

"남은 식량을 저희에게 나눠 주셔서 감사할 따름입니다!"

농사꾼들은 땅에 엎드려 절하며 울었다.

"무슨 소리! 덕분에 도리어 내가 편안하게 지낼 수 있었느니라. 어서 여기를 떠나 조선으로 돌아가거라! 우리, 고국에서 다시 만나자!"

나도 눈시울을 붉히며 그들을 치하하였다.

왕세자 일행이 조선으로 돌아간다는 소문이 심양 인근에 퍼지자 포로로 팔려갔던 사람들이 여기저기에서 울며 달려 나왔다. 돈이 없어 미처 환속되지 못하여 청나라 사람들 집에서 노예로 살아가는 조선 사람들이었다.

"저하, 저희도 데려가 주소서!"

"이제 저희는 누구를 믿고 살란 말입니까? 으흐흑……."

포로들은 땅을 치며 울었다. 심양관을 바라보며 언젠가는 환속될 수 있으리라 믿고 살아온 그들이었기에 내가 조선으로 돌아간다는 소식은 청천벽력이었다.

"아아……."

나는 어찌할 바를 모르고 먼 산만 바라보았다. 모른 척 지나갈 수도 없는 진퇴양난이었다. 어느 틈에 내 두 뺨을 타고 뜨거운 눈물이 주르르 흘러내렸다.

"한양으로 돌아가서도 너희를 잊지 않으마. 어떻게든 나라에서 환속금을 마련하여 사신을 보내 너희를 환속해 주겠노라. 그러니 낙심하지 말고 열심히 살아 다오!"

나는 눈물을 흘리며 심양 시내를 벗어났다. 멀고 먼 길을 지나 압록강을 건너 의주 땅에 닿았다. 의주 고을 백성들이 모두 나와 배웅을 해 주었다. 그중에는 두 아들을 데리고 나온 담이도 보였다. 담이는 우리 일행이 북경으로 간 이후에도 심양관과 청나라와의 무역을 도맡아 일하고 있었다. 만주어에 능통하고 당찬 담이는 장사 수완도 좋아서 사업은 점점 커지고 많은 돈을 벌고 있었다.

"저하! 고국으로 돌아오신 것을 감축드리옵니다."

담이는 환하게 웃으며 인사를 하였다. 담이를 쏙 빼닮은 두 아들도 옆에서 고개를 숙였다.

"그동안 잘 있었느냐? 다시 보니 참으로 반갑구나!"

나는 모처럼 환한 얼굴로 담이를 바라보았다.

의주 감사가 우리 일행을 위해 잔치를 베풀고 잠자리를 내주어 쉬게 하자 모두들 숙소에 들어가 고단한 몸을 뉘었

다. 하지만 나는 어쩐지 잠이 오지 않았다. 세자빈도 마찬가지였다. 그때였다.

"저하, 담이옵니다!"

담이의 목소리가 밖에서 들려왔다. 문을 열자 담이는 조그만 주안상에 술과 안주를 들고 들어왔다.

"그렇잖아도 잠이 오지 않았는데 잘됐구나. 들어오너라."

나는 담이를 반갑게 맞아 주었다.

"두 분 덕분에 이렇게 목숨을 부지하고 있나이다. 그렇지 않았으면 청나라 어디론가 팔려 가 어찌되었을지 아무도 모를 것이옵니다. 소인의 목숨도 살려 주시었고, 오늘날 청나라와의 무역으로 큰돈을 벌게 된 것도 두 분의 은덕이옵니다."

담이는 눈물을 글썽였다.

"무슨 소리! 너의 영리함과 용기가 오늘날의 너를 만든 것이다. 그러니 앞으로도 열심히 살아가거라."

"저하, 저하의 마음에 가장 걸리는 것이 바로 청나라에 남겨 두고 온 포로들 아니오니까? 염려하지 마소서. 앞으로 장사를 하여 버는 돈으로 계속 그들을 구할 것이옵니다. 그것만이 두 분의 은혜에 보답하는 길이라 생각하옵니다. 몇 명이나 환속시킬 수 있을지 알 수는 없으나, 힘닿는 데까지 해 볼 요량이옵니다."

"참말이더냐? 담이 네가 정녕 그리해 주겠느냐?"

나는 뛸 듯이 기뻤다.

"저하, 담이가 있어 참으로 든든하옵니다!"

세자빈도 오랜만에 들뜬 목소리로 외쳤다.

나의 무거웠던 마음이 조금은 편안해지는 기분이었다. 모처럼 담이, 세자빈과 함께 한잔을 하고 곤한 잠을 잔 이튿날 아침, 나는 다시 한양을 향하여 길을 떠났다.

담이를 비롯해 의주 고을 백성들이 먼 길까지 나와 배웅을 해 주었다.

"저하, 이제 한양으로 돌아가면 저는 세자익위사 일을 그만두고자 합니다."

"저도 그렇습니다."

내 곁으로 달궁이와 장수가 다가와 말했다.

"아니, 이제는 나를 떠나겠다는 것이냐? 내 곁에 있다가 또다시 무슨 곤경을 당할 것이 두려워 그러느냐?"

나는 놀라고 서운하여 되물었다. 나를 따라 크고 작은 전쟁터를 누비다가 심양으로, 북경으로 쫓겨 다닌 세월이 길었으니 이제는 지겨울 만도 했다.

"다름이 아니라, 지금부터야말로 우리의 군대 우리의 군사를 가져야 하지 않겠습니까? 청나라 팔기군보다 더 강한 군대 말입니다. 저하를 위하여 이제부터 바람단을 그런 강한 군대로 만들 것입니다. 이는 심양, 북경에서 지낼 때부터 계속해서 생각해 온 일입니다."

달궁이와 장수는 힘주어 말했다.

"고맙다, 친구들아! 자네들이 있어 내가 이렇게 든든하다네. 암, 우리 앞에는 이제 기쁜 일, 좋은 일만 가득하리라 믿네. 내가 그런 세상을 만들 테니까 두고 보거라!"

나는 달궁이와 장수를 와락 껴안았다. 천군만마를 얻은 듯 갑자기 온 세상이 환해진 기분이었다.

"여봐라, 어서, 가자! 아바마마께서 기다리시는 내 나라,

내 땅으로!"

　나는 고삐를 당겨 힘차게 한양을 향해 달려갔다. 아버지를 뵙게 되면 내가 직접 보고 온 새로운 세상에 대한 이야기를 들려 드릴 생각이었다. 나는 눈시울이 뜨거워지는 것을 느꼈다. 그리고 장차 내가 만들어 나갈 조선의 앞날을 생각하자 몸과 마음이 둥실둥실 날아갈 듯 가벼워졌다.